U0596436

雷海宗 著

中国的兵

中华书局

跟大师学国学

图书在版编目(CIP)数据

中国的兵/雷海宗著. —北京:中华书局,2016.6
(跟大师学国学)
ISBN 978-7-101-11828-5

Ⅰ.中…　Ⅱ.雷…　Ⅲ.军制-研究-中国-古代　Ⅳ.E291

中国版本图书馆 CIP 数据核字(2016)第 093605 号

书　　名	中国的兵
著　　者	雷海宗
丛 书 名	跟大师学国学
责任编辑	申作宏
出版发行	中华书局
	(北京市丰台区太平桥西里 38 号　100073)
	http://www.zhbc.com.cn
	E-mail:zhbc@zhbc.com.cn
印　　刷	北京瑞古冠中印刷厂
版　　次	2016 年 6 月北京第 1 版
	2016 年 6 月北京第 1 次印刷
规　　格	开本/889×1194 毫米　1/32
	印张 4¾　字数 100 千字
印　　数	1-6000 册
国际书号	ISBN 978-7-101-11828-5
定　　价	20.00 元

写给年轻人的国学读本

——"跟大师学国学"出版缘起

这是一套写给年轻人的国学读本。

"国学"之名,始自清末。其时欧美学术进入中国,号为"新学"、"西学"等,与之相对,人们便把中国固有的学问统称为"旧学"、"中学"或"国学"等。

晚清民国时期,东西方文化会通碰撞,人文学术勃兴,产生了一批大师级的学者,留下了丰厚的文化遗产。他们的著述,历经岁月洗磨,至今仍熠熠生辉。我国古代经典,浩繁艰深,而这些著作无异于方便后人接近经典、了解历史与文化的一座座桥梁,其价值自不待言。

遗憾的是,出于诸种原因,这些著作,有的版本繁多,错漏杂见,有的久不再版,一书难觅。有鉴于此,我们特组织出版"跟大师学国学"书系,从中遴选出一些好读易懂、简明扼要的作品,仔细编校,统一装帧,分批推出,以飨读者。

这些作品,大多是一版再版的经典,不仅在文化学术界历来享有盛誉,也在广大读者中间有较高知名度;另有一部分,出自当日名家,影响很大,但 1949 年后未曾重印,借此次机会,将之重新推荐给大家。

这些作品，有的是为高中生所撰的教材，如张荫麟先生《中国史纲》；有的是为青年学生所作的讲演，如章太炎先生《国学概论》和梁启超先生《中国历史研究法》；有的是应约为青年人所写的通俗读物，如吕思勉先生《三国史话》——都是大家名家面向年轻读者讲述，不作高头讲章，也不掺杂教条习气。这正应了曹聚仁先生记录章太炎先生所作国学讲演时所说：

> 任在何时何地的学者，对于青年们有两种恩赐：第一，他运用精利的工具，辟出新境域给人们享受；第二，他站在前面，指引途径，使人们随着在轨道上走。

这也是本书系立意所在——让年轻一代享受大师们的文化成果，学习大师们的治学方法，感知大师们的智慧才情。朱自清先生说得好："经典训练的价值不在实用，而在文化。……做一个有相当教育的国民，至少对于本国的经典，也有接触的义务。"这对当今社会的年轻人来说，也许是一个并不过时的提醒。

我们希望，这些作品能在新的时代，帮助年轻朋友熟悉经典，认识中国的历史与文化。

中华书局编辑部

2009 年 4 月

写在前面

雷海宗（1902～1962），字伯伦，是扬名中外的史学大家，一生在清华、西南联大和南开大学从事历史教学和研究工作，以博闻强记、史学自成体系、贯通古今中外著称，名列《中国大百科全书·外国历史》卷。

《中国的兵》一文刊载于 1935 年清华大学创办的《社会科学》杂志第 1 卷第 1 期首篇，是雷海宗的成名作和代表作。关于中国的兵制，历代学者都有研究。但雷海宗独具慧眼，另辟蹊径，研究"兵的精神"，从当兵的成分、兵的纪律、兵的风气和兵的心理等方面来考察中国的兵，由之探究中华民族盛衰的轨迹和原因，却属首创。

《中国的兵》指出，中国春秋时代上等社会全体当兵；战国时代除少数文人外，全体文人当兵，近乎征兵制；汉代上等社会不服兵役，终于实行募兵制，将卫国责任移到职业兵（大部为贫民、流民、外族兵、囚徒）身上。由军民不分，经军民分立，到军民对立，专靠羌胡兵，这就使国势日衰，社会病弱，中原终于成了汉代那些属国的属国。

雷海宗认为，文武兼备的人有比较坦白光明的人格，兼文武的社会也是光明坦白的社会，这是武德的特征。东汉以下兵的问题总未解决，乃是中国长期积弱的一个重要原因。中国二千年社会上下各方面的卑鄙黑暗恐怕都是畸形发展文德的产物。只有振兴武德，实行征兵制，叫良民当兵，尤其是一般所谓的"士大夫"都人人知兵，人人当兵，才能使中国自主自立。

1936年雷海宗在《社会科学》第1卷第4期发表了《无兵的文化》一文。首先提出，秦以下为静的历史，只有治乱骚动，没有本质的变化，在固定的环境之下，轮回式的政治史大致可说是汉史的循环发展。这样一个消极的文化的主要特征，就是没有真正的兵，可称之为"无兵的文化"。秦以下人民不能当兵，不肯当兵，对国家不负责任，因而一切都不能自主，完全受自然环境（如气候、饥荒等等）与人事环境（如人口多少，人才有无，与外族强弱等等）的支配。

然而，无兵的文化的轮回起伏，仍有一定的法则。全文随后从政治制度的凝结、中央与地方、文官与武官、士大夫与流氓、朝代兴替、人口与治乱、中国与外族等七个方面对秦以下中国两千年的历史进行分析探讨。最后，指出中国虽屡次被征服，但始终未灭亡，因为游牧民族的文化程度低于汉族，入主中国后大都汉化。鸦片战争以下，局面大不相同。新外族是高等文化民族，不但不肯汉化，并且要同化中国，这是中国有史以来所未曾遭遇的紧急关头。中国地大物博，人口众多，有独特的语言文字，或可解救中国文化，不致沦亡。

作为一个受到西方教育和学术训练的爱国知识分子，雷海宗的研究方向和志趣在于从宏观的世界的角度，运用跨学科的研究方法，抓住若干根本性问题，对四千年来中国的传统社会与文化做系统的历史考察与解剖，并落实到中国的现状，找出弊端症结和解决办法。《中国的兵》和《无兵的文化》就是这种指导思想和方法的研究产品。

1937 年 7 月抗日战争全面爆发后，雷海宗检讨自己前此的注意力集中于传统文化的弱点，对中华民族的坚强生命力只略为提及，但现在这种缄默不能继续维持了。他在 1938 年 2 月 13 日汉口《扫荡报》发表《此次抗战在历史上的地位》一文，热情歌颂前方战士喋血抗战的伟业，说："我们最好的军队可与古今任何正在盛期的民族相比……我们只有募兵，而其效能已几乎与征兵相等，这又是人类历史上稀有的奇事。"另一方面，雷海宗批评了"后方有责任、有职守者的慌张飞逃"，认为"后方的人，尤其是太平时代说话最响亮的人，当下一番忏悔的功夫"。1939 年 1 月，雷海宗撰写了《君子与伪君子——一个史的观察》一文（刊登于 1939 年《今日评论》第 1 卷第 4 期），进一步发挥了上述的思想。文章不长，不再赘述。

我们这里将《中国的兵》、《无兵的文化》和《君子与伪君子》等数篇文章合编成一本小册子出版，以便使一般读者可以对雷海宗这位史学大师及其学术思想有所了解，同时对认识中国的兵与历史的问题也不无一定的参考价值。

目　录

代自序：历史过去释义

历史学研究的对象，普遍称为"过去"。对于过去，无论我们详知或略晓，普通的感觉总以为过去本身是简单的，只是从前曾经发生的种种事物而已。但实际问题并不像一般人，甚至许多历史家，所想像的那样简单。我们若细加推敲，追问从前发生的一切究竟如何，问题立刻就来了。并且是愈钻研，发现问题愈多。太复杂的问题不必讲。专就根本的名词言，我们用"过去"或"历史"一词时，实际就有两种不同的意义，而用时又往往把两义混用而不自觉。这种不自觉的混淆，是许多误会的来源。

过去有二，一为绝对的，二为相对的。把过去的事实看为某时某地曾经发生的独特事，而不问它与再远的过去或再后的未来的关系，把它看为超然而独立的既成事实，那个过去是固定的，是已定的，是一成不变的，是万古如此的，是绝对不可挽回的。例如长平之战，秦败赵，白起坑杀赵国降卒四十万；汉武帝征服南越，设置郡县；唐太宗威震四方，称天可汗——凡此种种都已过去，就已经过去的方面言是永不会再改变分毫的，已经如何，就是如何，任凭后人的如何赞成或如何反对，也不能再把这些事实取消，修改或增删。但这种绝对的过去观，是完全抽象的纯理智的看法。当为一种哲学的见解则可，作为一种文学的慨叹对象也可，然而这却不是普通历史学的历史知识。史学的过去是相对的，是瞻前顾后的。一件事实对于已往的关系，对于未来的影响，在当时的地位，对今日所仍有的意义，都必须研究清楚，那件事实才是真正的历史知识，才成为历史学的事实，才有意义，才是活的，但一谈到活的意义，与此时此地此人此景有生动关系的意义，问题就复杂了。没有任何一种事实能有百世不变的意义。此代认为第一等重要的事，彼代认为无足轻重。此地认为可赞的事，彼地认为可憾。此人认为平淡的事，彼人认为意味深长。我们生于现在，创造未来，这是人所共晓的，一般所不注意的，是我们也创造过去，每一个时代所认识的过去，都是那一时代的需要、希望、信仰、成见、环境、情绪等所烘托而出的。以上种种，没有两个时代完全相同，所以同一的过去，也没有两个时代对它的看法完全相同。我们试以孔子为例，而引申此论。

孔子之为孔子，已经过去，万古不变，但这个绝对的孔子，我们永远不能知道。不只文献漏载的孔子生活事实或日常琐事，我们无法求知，专就文献可征的孔子嘉言懿行而论，某一嘉言，某一懿行，孔子说时作时的心情，原因，背景与目的，我们大部也永不能知。历史上所"知"的孔子，是后世对于上面所讲"不可知"的孔子的主观认识。例如在孔子死后百年左右，在《论语》一书的编纂时期，我们可以看出，再传以及三四传的儒家弟子把孔子看为圣人，看为诲人不倦的大师，看为不得志的大才，看为中国传统与正统文化的提倡者，凡此一切有多少是合乎百年前孔子在世时的事实的，我们不必追问。所可注意的，是《论语》一书中所表出的这个孔子，正是战国初期政治社会开始大乱时主张保守以求安定的儒家的理想。他们是都希望借着复古以安定社会的，所以也就描写出一个好古博古的大师与圣人。再进一百年到了战国晚期，如以《荀子》一书的孔子为代表，孔子已作为鲁国的摄相，七日而诛少正卯，威风十足，是《论语》中所不见的。孔子又为鲁司寇，断案的方法奇特，为一般人所不能了解。鲁君向孔子问难，有时问的不得体，孔子竟然不答，其傲气之高，不可向迩。这几件事无论或多或少的有否根据，我们可看为战国中期以下百家争鸣，群士争助，各思谋得一官半职的热中之士所特别标榜的故事。这个孔子已远不如《论语》中的孔子之超然，其分别就在战国初期的儒家尚不似战国中期以下儒家的争求仕进，而急求仕进也正是战国中期以下诸子百家的共同特征。

再进一步到是汉代，孔子又变成为素王，成为代后世定治平大法的未卜先知的神人，成为黑帝之子，有人母而无人父，成为微言大义的《春秋》作者。这是汉代，列国之局变为大一统后一般士子为新时代的需要而造出的一个孔子。这个孔子比起前两个孔子，显然的距离事实更远了，但却是合乎当时要求的一个孔子。汉代为此后二千年创立大一统的规模，一部也就靠当时的这种孔子观。至于其中的神秘部分，如黑帝之子以及相关的许多鬼话，那是与大题无关而却十足表现汉代宗教精神复盛的现象。也正因这一部分与大题无关，所以进入东汉后，这一部分渐渐为人放弃，此后只注意孔子为后世立法，为生民未有的超绝圣人的一套理论。此后二千年中国的政治社会无大变化，大体维持汉代所建的局面，所以二千年间的孔子观，也未再变，除神秘部分减轻外，孔子始终是汉代儒家所创的孔子。

今日中国的社会以及整个的环境却在大变之中，为二千年所未有之局，各方都流动不定，所以对孔子的看法也无奇不有。由最保守甚至近乎汉代素王的陈旧看法，到五四时期打倒孔家店口号下的孔子万恶观，无不应有尽有。由对于孔子看法的如此混乱也正表出中国整个文化的仍在动荡之中。若欲对孔子再有大体一致的看法，那必须等到中国文化已大体又有定型之后。此日的到临，恐怕仍然遥远。以上历代孔子观的一段追述，只是略举一例而已。今日我们对于过去的种种，都有黑白相差很远的估价，也正如对孔子的看法有天壤之分之一样。

有人或者因此而要对历史学发生疑问：是否历史学根本为主观

的，为不可靠的，为这派事实的。由一方面看，也未尝不可如此说。但由另一方面看以上的相对过去观，也不过是说历史学是活的，是人生的一部，我们对于过去的了解，也是我们今日生活不可分的一部。其实何只民族的历史如此，个人的历史又何尝不如此。我们写个人已往的经验，经验本身一成不变，一去永不复返，不只在客观上任何的经验不能重演一遍，就是在主观上我们也不能把任何已过的经验在心中不折不扣的重度一遍。时过境迁，过去的情绪，感触，思想，好恶等等都已消灭或变质，今日又有不同的情绪及其他种种。用今日的不同人格，去追忆过去的另一种情景，其意味远非过去的意味，其中不知有多少增减，修改，与有意无意的新解释。这正与我们对于身外大历史的时刻改观，如出一辙。例如一人在中小学读书，在当时不过是从父兄之命，按照社会的习惯，当然入学。入学之后，求学一方面为求知，一方面为好胜的表现，希望在成绩上出人头地。中学毕业后进入大学，对中学时代就要看成为大学的预备时期，对于当初的亲命与竞胜现象渐渐不免忘记，最少渐不注意。大学毕业，入社会服务，对中学的看法又将一变：在中学曾交了三两个挚友，中学时期同学间的喜怒哀乐与悲欢离合，中学教师的循循善诱或无理督导，中学校舍的一花一木，上课时的庄严，放假时的轻松——凡此种种，将为中年人所时常忆起。总之，中学时期只是一个富于可以追忆的温暖经验的时期，其求知求学或准备升学的方面，已成为勉强尚未忘记的淡薄感觉。再进一步，一人到了晚年，退休之后，想起了中学时代，大概只是充满了可笑的追忆而大体模糊不清的一片印象，只是人生过程的一个必需阶段，谈不到特别浓厚的意味。这三种不同的中学时代观，何种是合乎事实的？若绝对的讲，恐怕都不合乎事实，最少不合乎全部的事实。但就三个不同时期的需要与情绪讲，各在当时是都合乎事实的。民族的历史也正是如此，绝对的真实永难求得，即或求得也无意义。有意义的过去，真正的历史知识，是因时而异，因地而异的对于过去的活动认识。这个认识当然是主观的，它的价值也就主观。

生而为人，不能脱离主观。如果历史有客观的意义，那个意义不是人类所能了解的。宗教家的上帝，哲学家的天理，文学家的造物，可以刹那间而纵观过去，俯视现在，而明察未来，一眼而见全体，能明了历史的整个意义与绝对意义。由这个超然的观点来看，过去与未来浑然一体，根本没有先后久暂之分：千年如一日，一日如千年；天地初开与天地毁灭为一时一事。但这只是人类理智推到尽头，认为当有之理，而不是人类心灵所能具体把握的实在。此种绝对的实在，是上帝所独知的秘密。只要仍为人，他对于未来只能摸索，对于现在只能猜测，对于过去只能就他对于现在的看法与对于未来的希望而给它一个主观的意义。

（原载《中央日报》昆明版 1946 年 1 月 13 日）

中国的兵

　　历代史家关于兵的记载多偏于制度方面，对于兵的精神反不十分注意。本文范围以内的兵的制度，《文献通考》一类的书已经叙述甚详。所以作者的主要目的是要在零散材料的许可范围内看看由春秋时代到东汉末年当兵的是甚么人，兵的纪律怎样，兵的风气怎样，兵的心理怎样；至于制度的变迁不过附带论及，因为那只是这种精神情况的格架，本身并无足轻重。作者相信这是明了民族盛衰的一个方法。

一 春秋

西周的兵制无从稽考，后世理想的记载不足为凭。但西周若与其他民族的封建时代没有大的差别，那时一定是所有的贵族（士）男子都当兵，一般平民不当兵，即或当兵也是极少数，并且是处在不重要的地位。

关于春秋时代，虽有《左传》、《国语》内容比较丰富的史籍，我们对于当时的兵制仍是不知清楚。只有齐国在管仲时期的军制，我们可由《国语》中得知梗概，其他各国的情形都非常模糊。按《国语》：

> 管子于是制国以为二十一乡，工商之乡六，士乡十五。公帅五乡焉，国子帅五乡焉，高子帅五乡焉。

这段简单的记载有一点可以注意，就是工商人没有军事义务，因为只有十五个士乡的人才当兵。这些"士"大概都是世袭的贵族，历来是以战争为主要职务的。这个军队的组织与行政组织是二位一体的。行政的划分如下：

（一）国分十五乡——由乡良人治理；

（二）乡分十连——由连长治理；

（三）连分四里——由里有司治理；

（四）里分十轨——由轨长治理；

（五）每轨五家。

与这个行政划分并行的是管仲所制定的军政制度：

（一）每轨五家，出五人——五人为伍，由轨长统率；

（二）每里五十人——五十人为小戎，即戎车一乘，由里有司统率；

（三）每连二百人——二百人为卒，合戎车四乘，由连长统率；

（四）每乡二千人——二千人为旅，合戎车四十乘，由乡良人统率；

（五）每五乡万人——万人为军，合戎车二百乘；

（六）全国十五乡共三万人——全国三军，戎车六百乘，由国君、国子、高子分别统率。

这是"国"的军队，是由三万家出三万人组织而成。所谓"国"是指京都与附近的地方，只占全国的一小部分。"国"中的居民除工商外，都是世袭的"士"，并无农民。工商直到齐桓公时（西元前六八五至前六四三年）仍无当兵的义务。农民当初有否这种义务虽不可考，管仲变法之后却有了当兵的责任；但并不是全体农民当兵，而是拣择其中的优秀分子。据《国语》：

> 是故农之子恒为农。野处而不昵，其秀民之能为士者必足赖也。有司见而不告，其罪五。

可见选择农民中的特出人才"能为士者"是有司的一项重要

任务。

"国"以外的地方统称为"鄙"，一定有"士"散处各处，但鄙中多数的人当然是人口中绝对多数的农民。管仲所定的鄙组织法如下：

（一）三十家为邑；

（二）十邑为卒——三百家；

（三）十卒为乡——三千家；

（四）三乡为县——九千家；

（五）十县为属——九万家；

（六）鄙共五属——四十五万家。

国中每家出一人，鄙中却不如此；既然规定选择农民中优秀的为士，当然不能有固定的数目。但《国语》中说齐桓公有"革车八百乘"，而"国"中实际只有六百乘；其余二百乘，合一万人，似乎是鄙所出的兵额。这若不是实数，最少是管仲所定的标准。假定四十五万家中有四十五万壮丁，由其中选择一万人，等于每四十五人出一人当兵。（这些数目当然都是大概的成数，并不是精确的实数，但离实数似乎并不甚远。鄙中四十五万家，每家若按五口计算，共合二百二十五万人；若按八口计算，共合三百六十万人。至于国中人多半是士族，行大家族制，所谓三万家的"家"字不知何指。但与鄙相较，国在人口数目上可说无足轻重，我们仍可说三百六十万是齐桓公时齐国人口的最高估计。近代中国人口骤然增加，是与西洋接触后的变态现象，不足为比较的标准。经过满清一百五十年的太平盛世，乾隆晚年的人口大概可代表中国历代人口的最密限度。按清朝《文献通考》卷一九《户口考》一，乾隆四十八年［此后没有分省的统计］山东人口为二千二百零一万二千六百六十一人。这虽也是大概的数目，但自康熙废了人丁税之后人口的统计还大致可靠。这个数目与三百六十万为六与一之比，与二百二十五万为十与一之比。桓公时齐国的领土界线不清，但离今日山东面积的六分之一或者相差不远。即或当时的人口比较后代稀少，《国语》中的记载也是与事实大致相合。）所以春秋时代的齐国仍是士族全体当兵，但农民中已有少数由法律规定也有入伍的责任。

别国的情形如何，不得而知。但在同一个文化区域内，各种的发展普通都是一致的，春秋时代各国的情形大概都与齐国相仿。关于秦缪公（西元前六五九至前六二一年），战国时代有如下的一个传说：

> 昔有秦缪公乘马而车为败，右服失而野人取之。缪公自往求之，见野人方将食之于岐山之阳，缪公叹曰："食骏马之肉而不还饮酒，余恐其伤汝也！"于是遍饮而去。处一年，为韩原之战，晋人已环缪公之车矣……野人尝食马肉于岐山之阳者三百有余人，毕力为缪公疾斗于车下。遂大克晋，反获惠公以归。

这虽是很晚的传说，但《吕氏春秋》是秦国的作品，关于秦国先君的记载或者不至全为虚构。由这个故事我们可见韩原一战秦国军队中最少有三百个平民出身的兵。

春秋时代虽已有平民当兵，但兵的主体仍是士族。所以春秋时代的军队仍可说是贵族阶级的军队。因为是贵族的，所以仍为传统封建贵族的侠义精神所支配。封建制度所造成的贵族，男子都以当兵为职务，为荣誉，为乐趣。不能当兵是莫大的羞耻。我们看《左传》、《国语》中的人物由上到下没有一个不上阵的，没有一个不能上阵的，没有一个不乐意上阵的。国君往往亲自出战，所以晋惠公才遇到被虏的厄难。国君的弟兄子侄也都习武，并且从极幼小时就练习。如晋悼公弟扬干最多不过十五六岁就入伍；因为年纪太小，以致扰乱行伍。（当时悼公自己年只十七岁，扬干幼小可知。）连天子之尊也亲自出征，甚至在阵上受伤。如周桓王亲率诸侯伐郑，当场中箭。此外，春秋各国上由首相，下至一般士族子弟，都踊跃入伍。当兵不是下贱的事，乃是社会上层阶级的荣誉职务。战术或者仍很幼稚，但军心的盛旺是无问题的。一般的说来，当时的人毫无畏死的心理；在整部的《左传》中，我们找不到一个因胆怯而临阵脱逃的人。当时的人可说没有文武的分别。士族子弟自幼都受文武两方面的训练。少数的史筮专司国家的文书宗教职务，似乎不亲自上阵。但他们也都是士族出身，幼年时必也受过武事的训练，不过因专门职务的关系不便当兵而已。即如春秋末期专门提倡文教的孔子也知武事。《论语·述而》篇记孔子"钓而不纲，弋不射宿"，可见孔子也会射猎，并不像后世白面书生的手无缚鸡之力。又《论语·季氏》篇，孔子讲"君子有三戒"说："血气方刚，戒之在斗。"孔子此地所讲的"君子"似乎不只是阶级的，也是伦理的，就是"有德者"如孔子弟子一类的人。他们要"戒之在斗"，必有"斗"的技艺与勇气，不像后世的文人只会打笔墨官司与研究骂人的艺术。

二　战　国

　　战国初期文化的各方面都起了绝大的变化。可惜关于这个时代，史料非常缺乏。《左传》、《国语》都已结束；《战国策》本身即不可靠，对战国初期又多缺略；《竹书纪年》真本后世愚妄的士大夫又眼看着它失传。所以这个轰轰烈烈的革命时代使后来研究的人感到极大的苦闷。我们由《史记》中粗枝大叶的记载，只能知道那一百年间（约西元前四七〇至前三七〇年间）曾有几个政治革命，革命的结果是，国君都成了专制统一的绝对君主，旧的贵族失去春秋时代仍然残留的一些封建权利。同时在春秋时代已经兴起但仍然幼稚的工商业（《国语》卷一四《晋语八》提到"绛之富商……能金玉其车，文错其服，能行诸侯之贿，而无寻尺之禄"。可见春秋时已有富商，但在政治上尚无地位。《左传》僖公三十三年，商人弦高救郑的故事，也是春秋时代有大规模商业的一个证据。）到春秋末战国初的期间已进入政治的领域。范蠡与子贡、白圭诸人的传说可代表此时商业的发达与商人地位的提高。

　　传统的贵族政治与贵族社会都被推翻，代兴的是国君的专制政治与贵贱不分、最少在名义上平等的社会。在这种演变中，旧的文物当然不能继续维持，春秋时代全体贵族文武两兼的教育制度无形破裂，所有的人现在都要靠自己的努力与运气去谋求政治上与社会上的优越地位。文武的分离开始出现。张仪的故事可代表典型的新兴文人：

　　　　张仪已学而游说诸侯，尝从楚相饮。已而楚相亡璧，门下意
张仪曰："仪贫无行，必此盗相君之璧！"共执张仪，掠笞数百。
不服，释之。其妻曰："嘻！子毋读书游说，安得此辱乎？"张仪
谓其妻曰："视吾舌尚在不？"其妻笑曰："舌在也。"仪曰：
"足矣！"

　　这种人只有三寸之舌为惟一的法宝，凭着读书所学的一些理论去
游说人君。运气好，可谋得卿相的地位；运气坏，可受辱挨打。他们
并无军事的知识，个人恐怕也无自卫的武技，完全是文人。

　　另外一种人就专习武技，并又私淑古代封建贵族所倡导的侠义精
神。聂政与荆轲的故事最足以表现这种精神。他们虽学了旧贵族的武
艺与外表的精神，但旧贵族所代表的文化已成过去。旧贵族用他们文
武兼备的才能去维持一种政治社会的制度，他们有他们的特殊主张，
并不滥用他们的才能。他们主要的目的，在国内是要维持贵族政治与
贵族社会，在天下是要维持国际的均势局面。这些新的侠士并无固定
的主张，谁出高价就为谁尽力，甚至卖命，也正如文人求主而事只求
自己的私利一样。列国的君王也就利用这些无固定主张的人去实现君
王自己的目的，就是统一天下。历史已发展到一个极紧张的阶段，兵
制也很自然的扩张到极端的限度。

　　可惜关于战国时代没有一部像《左传》或《国语》的史籍，以致
时代虽然较晚，我们对于那时的政治史与政治制度反不如春秋时代知
道的清楚。各国似乎都行军国民主义；虽不见得人人当兵，最少国家

设法鼓励每个男子去当兵。关于这种近乎征兵的制度，只《荀子》中有一段极简略而不清楚的记载：

> 齐人隆技击，其技也，得一首者则赐赎锱金。……魏氏之武卒以度取之，衣三属之甲，操十二石之弩，负服矢五十个，置戈其上，冠轴带剑，赢三日之粮，日中而趋百里。中试则复其户，利其田宅。……秦人其生民也陕陋，其使民也酷烈，劫之以执，隐之以陋，忸之以庆赏，鳍之以刑罚，使天下之民所以要利于上者，非斗无由也。

这是一段战国时代好空谈的儒家的记载，对于军事并无同情，所以记载的也不清楚。但看来秦国似乎是行全民皆兵的制度，齐、魏两国最少希望为多数的人民都能当兵定出一定的标准，以重利为诱惑，驱使多数人都努力去达到规定的标准。

战国时代的战争非常残酷。春秋时代的战争由贵族包办，多少具有一些游戏的性质。我们看《左传》中每次战争都有各种的繁文缛礼，杀戮并不甚多，战争并不以杀伤为事，也不以灭国为目的，只求维持国际势力的均衡。到战国时代，情形大变，战争的目的在乎攻灭对方，所以各国都极力奖励战杀，对俘虏甚至降卒往往大批的坑杀，以便早日达到消灭对方势力的地步。吴越之争是春秋末年的长期大战，也可说是第一次的战国战争。前此大国互相之间并无吞并的野心，对小国也多只求服从，不求占领。吴国仍有春秋时代的精神，虽有灭越的机会仍然放过，但伍子胥已极力主张灭越。后来越国就不客气，把横行东南百余年的大吴国一股吞并。从此之后，这就成为常事。

坑卒与战争时大量的杀伤，据《史记·秦本纪》与《秦始皇本纪》，前后共十五次：

（一）献公二十一年，与晋战于石门，斩首六万；

（二）惠文王七年，与魏战，斩首八万；

（三）惠文王后元七年，秦败五国兵，斩首八万二千；

（四）惠文王后元十一年，败韩岸门，斩首万；

（五）惠文王后元十三年，击楚于丹阳，斩首八万；

（六）武王四年，拔韩宜阳，斩首六万；

（七）昭襄王六年，伐楚，斩首二万；

（八）昭襄王十四年，白起攻韩、魏于伊阙，斩首二十四万；

（九）昭襄王三十三年，破魏，斩首十五万；

（十）昭襄王四十三年，白起攻韩，斩首五万；

（十一）昭襄王四十七年，白起破赵于长平，坑降卒四十余万；

（十二）昭襄王五十年，攻三晋，斩首六千，晋军走死河中二万；

（十三）昭襄王五十一年，攻韩，斩首四万；攻赵，首虏九万；

（十四）王政二年，攻燕，斩首三万；

（十五）王政十三年，攻赵，斩首十万。

《秦本纪》与《秦始皇本纪》是太史公根据《秦纪》所作，事实大致可靠。其中所记都是秦国战胜后的杀伤数目。此外秦国失利甚至战胜时的死伤并未记载，其他六国相互间的战争当然杀伤也很可观。这是各国都全民武装的自然结果。斩首与大规模的坑杀成为常事，无人认为奇怪。

后代的人对于战国时代斩首数目的宏大，尤其对于坑杀至数十万人的惊人事实，往往不肯置信。这可说都是因为后代不善战、不肯战的文人不能想像历史上会有这种残酷的时代。秦国以斩首多少定功行赏，斩首的数目不会有误。别国恐怕也采同样的办法。我们不可忘记这是一个列国拼命的时代，战争的目的是要彻底消灭对方的抵抗力。战争都是灭国的战争，为达到灭国的目的，任何手段都可采择。这是一个文化区域将要统一时的必有现象。罗马与迦太基的死战是古代地中海文化区将要统一时的大战。迦太基是当时的大国，但三战之后罗马不只灭了迦太基的国家，并且连它的人民也大多屠戮。这是有可靠的史料可凭的史实。可惜战国时代完全可凭的材料太少，但关于政治史与战争史，《秦本纪》与《秦始皇本纪》还算是最可靠的资料，我们没有否认的理由。

这种紧张的空气当然是不易忍受的。厌战的心理与军国主义相偕并进。墨子、宋钘一般人的奔走和平，不过是最惹当时与后世注意的厌战表现。一般的人民，虽然受暗示与群众心理以及国家威胁利诱的支配，或者多数乐意入伍，但必有少数是不愿参加这种屠宰场式的战争的。这种平民的呼声当然难以传到后代，但并非全无痕迹可寻。关于吴起，有如下的一段记载：

起之为将，与士卒最下者同衣食，卧不设席，行不骑乘，亲裹嬴粮，与士卒分劳苦。卒有病疽者，起为吮之。卒母闻而哭之。人曰："子，卒也，而将军自吮其疽。何哭为？"母曰："非然也！往年吴公吮其父，其父战不旋踵，遂死于敌。吴公今又吮其子，妾不知其死所矣！"

可见在战国的死拼局势下当权的人想尽方法去鼓励人民善战，战死的特别多，整个家庭绝灭的例一定也不少；民间自然有厌战的心理发生，故事中士卒的老母不过是我们由古籍中所仅见的一人而已。

总之，战国时代虽是战争极烈，但由军心民气方面看，两种不健全的现象也萌芽于此时：一是上等阶级的文武分离与和平主义的宣传提倡，一是一般人民中厌战心理的渐渐发生。在当时的紧张空气之下，这两种现象好似都不严重，不过是狂曲中陪衬的低音，使正曲益发显得壮烈。但后代军民隔离、社会解体的没落局面都孕育在这两种不甚惹人注意的现象中。

三　秦　代

秦在战国时代行征兵制，大概是无疑问的。情形特别严重时，甚至连童子也上阵。例如长平之战，秦王亲自到河内，"赐民爵各一级，发年十五以上悉诣长平"。不过天下一统之后这种制度就不便不加修改而仍全部的实行。前此征兵制是因各国竞争，需要人人当兵。现在天下一家，内战理当消灭，对外也不一定需要天下人都去从军。并且六国虽被武力统一，最少一部分人仍有旧国的留恋，秦始皇对这般人也不敢轻于信任，所以即皇帝位的当年（始皇二十六年，西元前二二一年）就大规模的缴械：

　　大酺。收天下兵，聚之咸阳，销以为钟鐻，金人十二，重各千石，置廷宫中。

　　这几句轻描淡写的文字所讲的是当时一件富有危险性而办理十分敏捷的大事。秦汉时代平时禁止人民聚饮：

　　汉律：三人已上无故群饮，罚金四两。

　　汉制多承秦旧，这条汉律一定也是秦时的旧法。秦方并天下，于是就表示庆祝，特别许人民随意聚饮。这是很自然的事，人民当然不疑有什么作用。始皇暗中摆布，很容易的就把民间所藏的军械查出没收。虽然全部检出是办不到的事，被没收的一定占很大的部分。因为前此民间都有兵器，并无禁例，所以军械一定都公开的摆列，没有藏匿的需要，检查没收并无困难。

　　不过有一点《史记·秦始皇本纪》中没有言明，却是很关重要的事，就是所谓"收天下兵"的"天下"是否也包括秦国旧地在内。按理秦国人民对新局面不致不满意，无需缴械。若秦人也缴械岂非国家就要无兵可用？所以十二铜人与铜器所用的大概都是六国的铜。

但无论如何，天下的重兵都驻在关中，兵士大多必是旧秦国人。此点由秦始皇的驰道政策可以看出。秦始皇并天下的次年，二十七年，就开始治驰道。驰道的形势，据汉初人的传说：

> 为驰道于天下，东穷燕齐，南极吴楚，江湖之上，濒海之观毕至。道广五十步，三丈而树，厚筑其外，隐以金椎，树以青松。（这是贾山为汉文帝所作《至言》中的话。贾山年岁不可考，《至言》的年代也无记载，只说在文帝除铸钱令之前；除铸钱令，据《汉书·文帝纪》，在五年［西元前一七五年］，秦亡于西元前二〇七年，当中只有三十二年的时间。贾山此时年岁最少当在三十左右，所以他个人必曾亲见秦的驰道。况且汉时的驰道承继秦旧，到文帝时还没有多少改变。所以这种记载，今日看来虽像过于铺张，所讲的却是著者亲见的官道，决非文人空弄笔墨的浮词。）

文中"东穷燕齐，南极吴楚"两句话极可注意。只讲东与南，不提西与北，可见所有驰道的路线都以秦，尤其咸阳，为起发点，直达六国的各冲要地，以便秦兵随时能迅速的开出平乱。这证明天下的重兵驻在关中，其他各地只有轻兵镇压，或者只有郡尉所领地方的保安兵，并非正式的军队。始皇相信民间兵器大部没收，又有驰道可任秦兵随时开往各地，六国的旧地不致有大问题发生。若地方有兵驻守，我们很难想见秦二世时各地起兵何以那样容易。

秦代当初要将军队限于秦人，但事实上不免有很大的困难。内战虽已停止，边患并未消灭。并且从前各国分担的边防现在归秦独自担当，同时关中所驻以防六国复起的重兵也不见得比战国末期秦国所需的兵少得许多。所以按始皇原来的计划，一定要有感到兵不足用的一天。尤其四边用兵，与边疆的防戍，规模太大，只靠秦国人决难办到。所以始皇三十三年，

　　发诸尝逋、亡人①、赘婿、贾人略取陆梁地。

　　这里并未说所发的限于秦国，并且秦国逋亡人等恐怕原有当兵的责任，无需特别征发。所以这次所发的一定是天下各地的人。此外还有一个证据：秦二世二年，天下大乱，李斯等谏二世：

　　关东群盗并起，秦发兵诛击，所杀亡甚众，然犹不止。盗多，皆以戍，漕转，作事苦，赋税大也。请且止阿房宫作者，减省四边戍转。

　　由此可见边疆戍转是关东大乱的一个重要原因，证明边疆上的兵并不是秦人，至少秦人不占多数。由始皇三十三年取陆梁地所发的人，我们可知戍边人的成分：逋亡人是流民，赘婿都是贫困无赖的

　　① 编者按：据王毓铨《莱芜集》（中华书局，1983 年）页65—70考证，"尝逋"与"亡人"为两类不同的谪民。原引文连读，即如下文"逋亡人"之说，是误为同一种人。

人，贾人是抑商政策下所认为卑贱的人。（秦的重农抑商政策见《史记》
卷六《秦始皇本纪》二十八年琅邪台刻石文。）总而言之，所发的都是社会
所认为下流的人。这些下流人大概没有留恋旧国的思想，所以将他们
发到边疆并无危险。这是后代只有流民当兵，兵匪不分，军民互相仇
视的变态局面的滥觞。同时，良家子弟渐渐不愿当兵恐怕也是秦代不
得不发流民的一个原因。缴天下械，征发流民，一方面是与秦有利的
政策，一方面恐怕也正合乎一般厌战人民的心理。在这种两便的局面
下，古代健全活泼的社会就被断送。

四　楚汉之际

六国遗民的复国思想，秦代用民的过于积极，是秦亡的两个主要
原因。各地起兵叛秦的多是乌合之众。例如陈胜起兵的基本队伍就是
发遣屯戍渔阳的人，彭越起兵时所领的不过是些强盗与流浪少年，黥
布也是强盗头目，郦商是流氓头目。《史记》中常常讲到这些人到各
处"略人"、"略地"，或"徇地"。所谓"略人"云云就是到各处招募
流氓的意思。这些初起的都是流氓集团。

在起事的人中，只有项羽、刘邦两人的兵比较可用。两人起事的
地方（沛与会稽）都是战国时代楚国的旧地。楚在战国末期是秦以外
最强的国家。各国在亡国的前夕抵抗的能力已经消灭。（只有齐国在被
燕一度占领之后专讲和平主义，最后不抵抗而亡。别国亡时都是抵抗力消灭，并
不是有兵而不用。）原故虽然不很明显，但秦的奖励战杀与大规模坑杀

降卒恐怕是使列国的青年与壮丁日愈减少以至抵抗力几乎消灭的重大原因。所以五国最后吞并时，秦国反倒不觉特别费力。只有楚国情形不同。李信当初率二十万人攻楚，为楚所败。后来老将王翦用六十万兵才把楚国解决。可见楚国仍是一个严重的问题。六国虽都有散兵游勇，恐怕只有楚国余的退伍士卒比较盛多，因为《史记》与《战国策》中都没有亡国时楚国军队为秦国大批屠杀的记载。在以前二三十年间，秦国的兵力多用在北方，无暇顾到楚国，在别国大受痛创时楚国的元气仍得保全。所以楚国虽亡，可能的实力还是很大。"楚虽三户，亡秦必楚"的谶语（范增说项梁："自怀王入秦不返，楚人怜之至今。故楚南公曰：'楚虽三户，亡秦必楚也。'"南公，据《汉书》卷三〇《艺文志》阴阳家有南公三十一篇，自注称南公为"六国时"人。无论这段谶语是否六国时南公所说，也无论当初的意义如何，但到秦统一天下后仍是楚国民间流行的预言，一方面表示楚民的希望，一方面证明楚国人相信自己终有灭秦的一天。这种信仰的事实根据就是在灭亡的六国中只楚国还有相当的实力。）意义虽不清楚，必有事实上的根据。当时的人恐怕都觉得只有楚国将来或有翻身的能力，甚或将秦推倒。所以北方起事的军队都不值章邯所领的秦兵一击，只有楚军可与秦兵一拼。太史公将这种情形描写得极为透彻鲜活：

　　当是时楚兵冠诸侯，诸侯军救巨鹿下者十余壁，莫敢纵兵。及楚击秦，诸将皆从壁上观。楚战士无不一以当十，楚兵呼声动天。诸侯军无不人人惴恐。于是已破秦军，项羽召见诸侯将，入

辕门，无不膝行而前，莫敢仰视。项羽由是始为诸侯上将军，诸
侯皆属焉。

巨鹿之战虽有善战的项羽为将，但若无比较强悍的兵，也决难与
历来有胜无败的秦军相抗。这次战争的结果极为重要。当时秦国最大
的一支军队由章邯率领，驻在巨鹿附近的棘原，与项羽有过几次小接
触，都不利。但两方大军若背水一战，胜负正不可知。所以项羽虽已
击破巨鹿的秦兵，对这支大军能否应付还是问题。章邯若能败项羽，
秦朝的寿命或能延长下去也未可知。章邯与项羽的相拒是历史上一个
紧要的关头。但最后的结局却是出乎意外的荒谬可笑。因为后方有赵
高作祟，章邯于是不经大战就带二十万的劲旅向项羽投降，并为诸军
的前导向西攻秦。然而项羽对这支强大的秦军终不敢信任，于是乘夜
把它全部坑杀。这是战国以来最末次的大批坑杀降卒。这支军队代表
当时秦国实力的主体，从此秦的命运不卜可知。同时这支军队又可说
是最后的一支国家军队，代表战国时代所遗留下来征兵制度下有训
练、有组织的正式军队。从此以后，这类的军队在中国历史上就完全
绝迹。

各地起事的人虽都打着六国的旗号，实际他们谁都不代表，只代
表他们自己。军队并不属于任何国家或任何地方，只属于他们自己。
此后的军队都是个人的军队。军队的品格、纪律、战斗力等等都靠主
帅一人。主帅若肯忠于国家，他的军队临时就是国家的军队。主帅若
要反抗国家，十有八九他的军队是牺牲国家而拥护主帅的。列国并立

时所激荡而生的国家主义到统一之后渐渐衰弱。用六国的名义推翻秦朝，可说是旧日国家主义的回光返照。在这次的大混乱中，旧的爱国思想就寿终正寝。汉代虽常有内乱，但决不是由地方爱国思想所推动的内乱。爱国思想本由列国竞争所产生，天下一统之后爱国思想既然源泉枯竭，当然要趋于消灭。同时将当初狭义的爱国观念崇高化，推广于天下一统的大帝国，在理论上当然是可以办到，但实际只有极少数想像力较大、信仰心较深、知识较广的人或者能了解这种大而无外的理想，大多数人对这种观念根本不发生兴趣。爱国观念中消极的成分较积极的成分浓厚得多。爱国志士与其说是爱本国，不如说是恨别国。恨恶别国，轻视别国，是爱国观念的必需条件；要不然，爱国观念就必渐渐衰弱以至于消灭。秦代与楚汉之际就是中国历史上这种大转变的时期。爱国的观念消灭，爱天下的观念流产，人民渐多不愿入伍，结果就产生了一个麻木昏睡的社会。

五 西汉初期

汉初在理论上又恢复了战国时代流行而秦代临时间断的征兵制。当时力役与军役是同一件事。据董仲舒说：

> 月为更卒，已复为正，一岁屯戍，一岁力役，三十倍于古。
> 颜师古注："更卒，谓给郡县一月而更者也。正卒，谓给中都官者也。"

在乡间当差称"更卒",在中央当差称"正卒"。这些正卒实际恐怕就是保卫京师宫殿以及各官署的卫士。同时在地方当差的,除为地方官署服役外,又是地方的军队:

> 《汉仪注》云:民年二十三为正。一岁为卫士,一岁为材官骑士,习射御骑驰战陈。又曰:年五十六衰老,乃得免为庶民,就田里。

这种种的力役与军役总称为"更"。更又分三种:

> 更有三品:有卒更,有践更,有过更。古者正卒无常人,皆当迭为之。一月一更,是谓卒更也。贫者欲得顾更钱者,次直者出钱顾之,月二千,是谓践更也。天下人皆直戍边三日,亦名为更,律所谓繇戍也,虽丞相子亦在戍边之调。不可人人自行三日戍;又行者当自戍三日,不可往便还,因便住,一岁一更。诸不行者出钱三百入官,官以给戍者,是谓过更也。

这显然是事实修改理论的现象。天下统一后无需人民全体当兵,并不是这种新更赋制的主要原因。即或无需全体上阵,在地方受训练是每人可作也是健全社会每人当作的事。现在有践更的规定,一定有许多人根本就不再与军役发生任何的关系。并且这些人既能出雇更钱,多半都是在社会上地位比较高、资产比较厚、知识也比较深的人。春秋时代是上等社会全体当兵，战国时代除了少数以三寸舌为生的文人外，是全体人民当兵，现在上等社会不服军役而将全部卫国的责任移到贫民甚至无赖流民的肩上。所以汉代称这种制度为"更赋"，其中"更"的成分恐怕很少，"赋"的成分却极重要。"过更"当然完全是一种戍边税；"践更"虽不是直接交纳与国家的一种税，但国家既正式承认有钱者雇无钱者代替当兵，也等于一种税。少数"卒更"的人虽可说是直接尽国民当兵的义务，但实际他们恐怕都是终身当兵的，因为他们自己的期限满了之后就继续受雇"践更"或领饷"过更"。所以汉初在理论上虽仍行征兵制，实际所行的已是募兵制，不过尚未有募兵名义而已。秦代发流民的临时政策到汉代就成了国家法定的制度。

汉高帝出身民间，对一般人民不肯当兵的情形恐怕知道的很清楚。所以他定制度时已默认征兵是不能实行的：

> 高祖命天下郡国选能引关蹶张材力武猛者，以为轻车、骑士、材官、楼船；常以立秋后讲肄课试，各有员数。平地用车骑，山阻用材官，水泉用楼船。（关于四种军队地理上的分配，史籍中没有清楚的记载。由散乱的材料中可知巴蜀、三河、颍川、沛郡、淮阳、汝南有材官；河东、上党、三辅、金城、陇西、天水、安定、北地、上郡有车骑；寻阳、桂阳、豫章、零陵、会稽、齐沿海地有楼船。）

文中的"选"字很可注意，"选"实际就是"募"。不过不被选的人要直接纳一种免役税，名义上算是认为大家都有当兵的义务。

汉初的兵力极其微弱。楚汉竞争的劳民伤财只能解释这种情形的一部分。征兵制破裂，募兵制又没有完全成立，兵制不定，组织一个可用的军队恐怕很不容易。同时又逢边疆上有强大的部落集团出现，以致大汉帝国只能守而不能攻。汉高帝虽然统一天下，却被匈奴困于白登，后来贿赂阏氏才得脱险。高帝算是受了一番教训，从此知道匈奴不像项羽一般人那样容易对付，只得委曲求和，行和亲的政策。高帝死后，单于冒顿甚至向吕后下求婚书：

> 孤偾之君生于沮泽之中，长于平野牛马之域，数至边境，愿游中国。陛下独立，孤偾独居；两主不乐，无以自虞。愿以所有，易其所无！

中国虽受了这样大的侮辱，吕后虽然怒不可遏，终不敢向匈奴发兵，只得婉词谢绝冒顿开玩笑的请求：

> 单于不忘弊邑，赐之以书。弊邑恐惧，退日自图：年老气衰，发齿堕落，行步失度。单于过听，不足以自污。弊邑无罪，宜在见赦！窃有御车二乘，马二驷，以奉常驾。

冒顿还算是好汉，肯认错，回想自己向岳母求婚未免过于无聊，覆书向吕后谢罪。后来文、景二帝时中国虽照旧和亲并送重礼，仍不能防止匈奴屡屡寇边，焚杀劫掠。

汉代最后一次壮丁的全部或大部被征发，只限于一个地方，就是七国乱时的吴国。吴王濞下令吴国：

> "寡人年六十二，身自将；少子年十四，亦为士卒先。诸年上与寡人比，下与少子等者，皆发。"发二十余万人。（下面吴王告诸侯书又说吴国中有精兵五十万，恐怕是夸大其词的吹嘘。二十万是实数。）

吴不只征发壮丁，连老幼的男子凡能勉强上阵的也都发出。除吴外，七国中楚最强，但史籍中没有楚国兵额的记载。这里所谓吴、楚二国就是战国末期楚国的地方，也是秦末惟一兵强的区域。楚汉之争时项羽就是以此地为根据地，并且由垓下楚歌的故事可知项王的士兵大部都是楚人。七国之乱是旧日楚地武力充实的最后表现，以后就长久的寂寞无闻。天下也不再有征发全体男子当兵的现象。

六　汉武帝

到汉武帝时（西元前一四〇至前八七年），兵制上各种不健全的办法都发展成熟；所以武功虽盛，却是建在不稳固的基础之上。因为一般人不肯当兵，（武帝向西南夷发展，要征发巴蜀的人，许多人宁可自杀而死，也不愿应征，这或者是极端的例子，但也可见出当时的空气。）武帝就开始正式募兵。旧日戍边的制度在人心涣散的局面下极难维持，于是屯田的制度成立。募兵与屯兵仍有时感到不足用，就大批的发囚徒，甚至雇用外族人当兵。一方面由于汉初六十年的养息，一方面由于武帝能牢笼人才，在种种的畸形发展下中国历史上居然有空前绝后纯汉族的大帝国出现。

汉初中央有南北军。关于南北军的组织与统制，《汉书》中没有清楚的记载。南北军有多少兵也不可考。在理论上南北军或者是由郡国的人民轮流番上，但实际上恐怕终身当兵的人必定不少。南北军的兵额不见得很大，只够维持京师的治安；国家需用大军时，多半要靠郡国临时调发。这种办法或者可以维持苟安的局面，但若想彻底解决边疆的问题，非另辟途径不可。武帝看到这一点，所以即位后就招募精兵维护京师。第一种称期门，次一等的称羽林。至于期门、羽林从此就代替了当初的南北军，或与南北军并立，或与南北军混合，都不可知。

最少由武帝以下南军的名称未再提及，似乎期门、羽林是代替了南军。武帝所选的都是关西六郡（陕西、天水、安定、北地、上郡、西河）的良家子弟，从此六郡多出名将。（当然皇帝的鼓励提倡并不是六郡以及整个的西北多出名将的惟一原因，也不见得是最重要的原因。一般在安逸地带的人尚文，甚至文弱；在危险地带的人尚武，甚至粗鲁。汉代外患在西北，西北多出名将是很自然的事。）期门、羽林专选强健武勇的子弟。例如元帝时甘延寿是北地人，善骑射，为羽林，后升为期门，屡次有功，至于封侯。这虽是较晚的例子，甘延寿却是一个典型的六郡子弟，是以当兵为职业而起家的。

北军的名称武帝以下仍旧。但性质也与以前不同。武帝设置了八校尉：

（一）中垒校尉，掌北军垒门内，外掌西域；

（二）屯骑校尉，掌骑士；

（三）步兵校尉，掌上林苑门屯兵；

（四）越骑校尉，掌越骑；

（五）长水校尉，掌长水、宣曲胡骑；

（六）胡骑校尉，掌池阳胡骑；

（七）射声校尉，掌待诏射声士；

（八）虎贲校尉，掌轻车。（所谓八校尉实际只领有七支军队，因为中垒校尉是总领一切的人，并不是一军的校尉。所以《汉书》卷二十三《刑法志》说："至武帝，平百粤，内增七校。"晋灼注认为胡骑不常置，所以称七校，恐怕不妥。七校统称为北军。）

北军的名义虽仍存在，但已被新设的中垒校尉所并。七校统称北军，由中垒校尉总管。中垒校尉同时又掌管西域，所谓北军已不是专卫京师的禁军。至于这七支军队的组成方法，三支外族兵当然是由胡越的降人充当；其他四军的士兵如何召来虽不可考，但由期门、羽林的例子与当时人民不肯当兵的风气来看，一定是由招募而来，或者也多是六郡的子弟。这是汉武帝时第一种新的兵力。

汉初戍边的人以一年为期。但这种办法并不妥当，文帝时晁错已见到此点。胡人游牧为生，往来不定，乘虚入寇，边兵防不胜防。中央或邻地发大兵来援，胡寇早已不知去向。所以边兵费的粮饷虽多，效力却微乎其微。戍兵屯边一年，对边情方才熟习，就又调回，新来的兵仍是生手。况且戍边本是苦事，内地人多不愿去。晁错见到这种种困难，于是想出屯田的方法，专用囚犯与奴婢，不足用时再以厚利高爵召致良民。这些边兵兼营农业，可省去国家一大笔军费；都终身甚至世世代代守边，对边情必定熟习，防御边寇的效率必高。文帝听信了晁错的话，开始在边境屯田。但大规模的屯田到武帝时才实行。元狩二年（西元前一二一年）在西北置武威、酒泉二郡，元鼎六年（西元前一一一年）又分两郡地，加置张掖、敦煌二郡，徙民六十万为屯田。元狩四年（西元前一一九年）卫青、霍去病大败匈奴，漠南空虚，自朔方以至令居（甘肃永登）屯田五六万人。开发西域以后，由敦煌至盐泽（吐鲁番西南）又随地置屯亭，远至轮台渠犁（迪化以南）之地都有田卒数百人，有使者校尉负责维持，一方面为汉在西北的驻防军，一方面又可接济中国遣往西域的使臣。总理西北屯田事务的并有屯田校尉。屯兵是武帝时第二种军力。

武帝时第三种重要的军士就是外国兵。（晁错在文帝时已经提议以夷制夷，用降胡当兵。但文帝似乎没有采纳。）胡越骑上面已经提到。此外尚有属国骑，是匈奴兵。元狩二年，匈奴昆邪王杀休屠王，带四万人来降，武帝划降地为武威、酒泉郡，并置五属国使匈奴降人居住。五属国并不设在原地。昆邪王的旧地置为二郡，后又析为四郡，由汉人屯田，渐渐汉化。属国都设在后方，为的是便于控制。五属国就是天水郡的勇士县，安定郡的三水县，上郡的龟兹县，西河郡的美稷县，五原郡的蒲泽县，每属国都有皇帝派的属国都尉治理。（此外中央又有典属国，或者是属国都尉的上司。据《汉书·百官公卿表上》，典属国是"秦官，掌蛮夷降者"。但秦时似乎没有将降人处在内地的事，典属国的责任恐怕是管理秦所征服的蛮夷土地与人民，并不像汉代的掌理迁处内地的蛮夷。）这些地方都在匈奴旧地的河南（河套）与河南以南的地带，都是原来的汉地或已经汉化的地方。

武帝时第四种军力就是囚徒。发囚徒为兵并不始于武帝。秦二世二年（西元前二〇八年）陈胜势力膨涨，二世一时来不及调动大军，于是就赦宥郦山修治始皇陵寝的囚徒，由章邯率领去攻陈胜。这是中国历史上第一次用囚徒为兵的例。但这是临时不得已的办法，后来继续发兵，所以章邯部下的主体仍是正式的军队。第二次用囚徒，似乎是在汉高帝十一年（西元前一九六年）英布反时。北军三万人与关中巴蜀的材官只足保护关中，不敢出发远方；汉统一天下不过六七年，对国本重地不敢不慎重。高帝不得已，于是"赦天下死罪以下，皆令从军"，才把英布打败。这次也是临时救急的措置。此后八十年间，国家似乎没有再采用这种办法。（武帝元鼎五年［西元前一一二年］才又发囚徒，离高帝十一年有八十四年的功夫。）到武帝大规模向四方发展时，发囚徒才成了固定的政策。详情容待下面再讲。

由上述的情形我们可得一个结论，就是兵与民隔离的局面已经非常明显。募兵是少数或因喜好冒险、或因受厚赏的诱惑才入伍的人，是一种职业兵。屯兵有的出于强迫（囚徒），有的出于自愿，但到边疆之后就成了永久固定的边军，也是一种职业兵。胡越骑与属国骑是国家雇用的外族，更是以当兵为职业的。囚徒不是职业兵，乃是国家无办法时强迫入伍的，但一经入伍之后恐怕也就成了终身的职业。汉武帝虽然也发郡国的民兵，但这四种职业兵的地位比民兵的地位日趋重要。这四种兵，从兵的身份上说，都不是直接由民间产生的，大半都是民间的流浪分子，甚至外族的浪人。他们既不直接出于民间，与一般的人民自然没有多少情感上的联系。对于国家他们也很难说有多大的忠心，不过皇帝养他们，他们替皇帝卖死就是了。一般的民众处在大致安定的大帝国之内，渐渐都不知兵。这些既不肯卫国又不能自卫的顺民难免要遭流浪集团的军人的轻视。由轻视到侮辱，是很短很自然的一步。同时因为军人多是浪人，所以很容易遭一般清白自守的良民的轻视。不过这种轻视没有武力作后盾，不能直接侮辱军人，只能在言语上诋毁。"好铁不打钉，好汉不当兵"的成语不知起于何时，但这种鄙视军人的心理一定是由汉时开始发生的。

由春秋时代到汉代的发展经过，总括一句，先是军民不分，后来军民分立，最后军民对立。军民对立之下的军队最难驾御。除粮饷充足外，将才是必不可少的条件。当然任何的军队都需要有才的人率领。但真正的民兵，即或主将不得人，顶多也不过是打败仗，决不至直接祸国殃民。流浪军却非有才将率领不可，否则不止要战败辱国，并且要行动如土匪，甚至公开的变成土匪。汉武帝的伟大时代就建设在这种军力之上。武帝个人缺点虽多，却是认识人才、善用人才的明主。他能从社会各阶级中找出有才的人，并且能尽量用这些人才。我们可将武帝一代的战争列一个表，就可看出他的武功的经纬：

年代	对象	兵	将	结果
建元三年西元前一三八年	攻闽越，救东瓯	会稽兵	严助（会稽人，家贫，举贤良）	闽越逃生
建元六年西元前一三五年	攻闽越，救南越		王恢；韩安国（梁成安人）	闽越人杀其王郢而降
元光六年西元前一二九年	攻匈奴	四万骑	卫青（私生子，生父为小吏，归生父收养）；公孙敖（北地义渠人）；公孙贺（北地义渠人，祖父守陇西）；李广（陇西良家子，秦将李信后裔，善射）	卫青胜，首虏七百级；公孙敖败，失七千级；公孙贺无功；李广被虏，逃归
元朔元年西元前一二八年	攻匈奴	三万骑	卫青（见上）；李息（北地人）	首虏数千级，降人二十八万，设苍海郡（三年罢）
元朔二年西元前一二七年	攻匈奴		卫青（见上）；李息（见上）	首虏二千三百，俘三千人，畜百余万，收河南地置朔方郡、五原郡
元朔五年西元前一二四年	攻匈奴	十余万，多为车骑	卫青（见上）；李息（见上）；公孙贺（见上）；张次公（河东人）；苏建（杜陵人）；李蔡（李广从弟）；李沮（云中人）	俘虏万五千人，畜百万

年代	对象	兵	将	结果
元朔六年春 西元前一二三年	攻匈奴	十余万骑	卫青（见上）；公孙敖（见上）；公孙贺（见上）；苏建（见上）；李广（见上）；李沮（见上）；赵信（降汉之匈奴小王）	虏三千级
元朔六年夏 西元前一二三年	攻匈奴	十余万骑	卫青（见上）；六将军（同前）	卫青大胜，首虏万九千级；李广无功，亡军，独身逃还；赵信败，降匈奴
元狩二年春 西元前一二一年	攻匈奴	万骑	霍去病（卫青姊私生子）	斩首九千级
元狩二年夏 西元前一二一年	攻匈奴		霍去病（见上）；公孙敖（见上）	霍去病大捷，斩首三万余，降人二千五百；公孙敖失道
元狩二年夏 西元前一二一年	攻匈奴	万四千骑	张骞（汉中人）；李广（见上）	张骞后期；李广杀三千人，但全军覆没，逃归
元狩四年 西元前一一九年	攻匈奴	十万骑，人民乐从者四万骑，步卒数十万（内有乐从者）	卫青（见上）；霍去病（见上）；公孙敖（见上）；李广（见上）；赵食其（冯翊人）	卫青至漠北，围单于，斩首万九千；霍去病与左贤王战，斩首俘虏共七万级漠南空虚；汉军死者数万，马十四万，所余不满三万；李广后期自杀；赵食其后期赎死

续表

年代	对象	兵	将	结果
元鼎五年西元前一一二年	攻南越及西南夷	天下罪囚，江淮以南楼船，夜郎兵，巴蜀罪人共十万余人	路博德（西河平州人）；杨仆（宜阳人）；越侯严（越降人）；甲（越降人）；越侯遗（越降人）	南越及西南夷皆平，置郡县
元鼎六年西元前一一一年	攻西羌	陇西、天水、安定骑士，中尉卒，河南、河内卒共十万人	李息（见上）；徐自为	平西羌
元鼎六年西元前一一一年	攻东越	楼船，步卒	韩说（韩王信后，武帝幸臣）；王温舒（阳陵人，少时为盗）；杨仆（见上）	东越降，迁其民江淮间，东越遂虚
元鼎六年西元前一一一年	攻匈奴	二万五千余骑	公孙贺（见上）；赵破奴（太原人，曾居胡中）	出塞二千余里，不见虏而还，遂分置西北四郡，徙民实边
元封元年西元前一一○年	攻匈奴	十八万骑	御驾亲征	匈奴匿漠北，不敢战
元封二年西元前一○九年	攻朝鲜	募天下死罪	杨仆（见上）；荀彘（太原广武人）	朝鲜人斩其王降，以其地为郡县；杨仆失亡多，免为庶人；荀彘争功弃市
元封二年西元前一○九年	平西南夷未服者	巴蜀兵	郭昌（云中人）；卫广	平定其地，以为益州郡

续表

年代	对象	兵	将	结果
元封六年西元前一〇五年	益州昆明反，发兵征讨	赦京师亡命	郭昌（见上）	?
太初元年西元前一〇四年	征大宛	发天下谪民恶少年十万左右，属国骑六千	李广利（倡家子）	斩大宛王首，得善马三千，丧师十之八九，至大宛只余三万人，还军时只万人
太初二年西元前一〇三年	伐匈奴	二万骑	赵破奴（见上）	赵破奴被掳，全军覆没
天汉二年西元前九九年	伐匈奴	三万骑，五千步卒	李广利（见上）；公孙敖（见上）；李陵（广孙，善骑射）	李广利斩首万级，汉兵死约二万；李陵只率步卒五千，杀匈奴万人，最后战败降匈奴，只四百人逃归汉
天汉四年西元前九七年	伐匈奴	骑六万，步卒七万，皆天下流民及勇敢士	李广利（见上）	战皆不利而还
		骑一万，步卒三万	公孙敖（见上）	
		步卒三万	韩说（见上）	
		步卒一万	路博德（见上）	
征和三年西元前九〇年	伐匈奴	骑七万	李广利（见上）	李广利战败，降匈奴；商丘成无所见而还；马通多斩首
		三万	商丘成	
		骑四万	马通	

武帝在位五十四年间（西元前一四〇至前八七年）前后共大小二十五次对外的战争，可由上表得一个大概的印象。有几点特别可以注意：

（一）匈奴是外患中最严重的；二十五次战争中有十五次是对待匈奴。

（二）关于兵的数目与种类，数目几乎都有记载，种类可惜多半只记"骑"、"楼船"等，对于兵的来源没有说明。元狩四年，卫青、霍去病大伐匈奴时，军队中有人民自告奋勇代军士运粮的人。这些人虽不见得都是无赖，但社会上的流浪分子一定占重要的地位。元鼎五年攻南越与西南夷时，除江淮以南的楼船外，又发罪囚与夜郎兵。这是武帝第一次大规模用囚犯与外国兵的例。元封二年攻朝鲜所用的都是天下死罪的人。元封六年伐昆明，所用的是长安的亡命。太初元年伐大宛，所用的是天下的谪民与恶少年及属国骑。天汉四年大伐匈奴，所用的军队一部分是谪徒与自告奋勇的勇敢士。总之，二十五次战争中最少有六次是一部或全部用的囚徒、流民、恶少年、乐从的流浪人或外族人。此外有三次清清楚楚的讲明所用的是正常的军队：建元三年救东瓯，发会稽兵，意思大概是指会稽的楼船；元鼎六年攻西羌，用的是陇西、天水、安定的骑士，河南、河内的步卒，与京师中尉所领的步卒；元封二年平西南夷，用的是巴蜀地方的军队。其余十六次军役所用的到底是甚么兵我们无从知道。假定都是中央或地方的正式军队，二十五次中有六次（百分之二十四）用的是非常的军队，仍是一件深可玩味的事。尤其像伐大宛用兵数十万，除少数的属国骑外，都是谪民与恶少年，可见中央与地方的正式军队不足用或不可用到如何的程度。兵制破裂的情形，没有比这个再清楚的了。

（三）将军的出身高低不齐。有的是良家子或古代名将的后裔，有少数甚至是文人出身，但也有来历极不高明的，如倡家子、私生子、强盗之类。又有的是胡越投降的小头目。天下一统之后，人才的需要较列国并立时并不减少。有才就可擢用，尊崇无比的皇帝并不计较臣子的出身。并且因为尚武的风气日衰，将才很感缺乏，使皇帝要计较出身也办不到。

（四）战争的结果大半靠将才。卫青与霍去病二人从未打过败仗，每次都是大胜。李广利个人虽武艺高强，将才甚为平庸，所以总是打败，或需重大的代价才能求得小小的胜利，如伐大宛的一次。这也是兵制破裂的间接证据。当时的边族无论人力、财力都远在中国之下。文帝时，中国投降匈奴的中行说劝诫单于说：

　　匈奴人众不能当汉之一郡。然所以强者，以衣食异，无仰于汉也。今单于变俗，好汉物，汉物不过什二，则匈奴尽归于汉矣！

这种小小的胡人，在战国分立时赵或燕能毫无困难的单独应付。战国时中国内部互相攻伐，战败的将很多，像赵括一类的笨将也不少。但汉时成为大患的匈奴对燕赵并不是严重的问题。当然到汉时匈奴方才组成一个坚固的帝国，战国时匈奴内部仍然分裂。但匈奴分裂时中国也分裂，中国与匈奴的统一也同时实现。所以匈奴统一虽或是中国感到威胁的一个原因，但决不是最重要的原因。惟一可能的结论，就是战国时代的兵可用，汉时的兵不可用，只有遇到才将率领时才能打胜仗。这是军队由流浪分子组成的当然结果。

汉武帝时代武功的伟大是显然的，是人人能看到的。但若把内幕揭穿，我们就知道这个伟大时代是建筑在极不健全的基础之上。

七　武帝以后——光武中兴

武帝后兵制的发展，一日千里的顺序退步。例如屯兵的制度仍旧，并且范围日广。宣帝时（西元前七三至前四九年）为防止西羌内侵，用赵充国的计策，大量的在西北屯田。然而边疆的屯兵第一代或者还是兵，第二代以下就有变成边地农民的危险，对当兵并无特别的热心。宣帝五凤三年（西元前五五年）匈奴因内部分裂而投降之后，边疆的大患消灭，所谓屯田更是有名无实。宣帝以下又屡次在西域屯兵。匈奴投降之后，本就不强的西域更不敢轻于为乱，所以中国略为屯兵就可维持西域的秩序，并非所屯的兵真正强盛。

武帝以后外族在中国军队中的地位日愈提高。昭帝时（西元前八六至前七四年）开始用羌人。据《后汉书》，景帝时已有羌人投降中国，迁入边地。但这个说法不知是否可靠，《史记》与《汉书》中都没有记载。昭帝时所用的羌人也不知道来源。昭帝始元元年（西元前八六年）益州反，中国用羌人助战平乱。（《汉书》卷七《昭帝纪》元凤四年诏：

"度辽将军明友前以羌骑校尉将羌王侯君长以下，击益州反虏。") 推想起来，这大概是武帝威震西北以后投降中国的羌人。神爵元年（西元前六一年），西羌反，宣帝所发的兵各色都有——囚徒，羽林，材官，骑士，胡越骑，此外并有羌骑。次年平服羌人之后，降羌很多，于是就设置了金城属国。前此的降羌大概较少，此次有大批的人投降，才加置了一个羌族的属国。五凤三年呼韩邪单于率匈奴来降，又设置了西河、北地两属国，仍在河套与河套以南的地方。所以河套一带虽由秦汉两次征服并移民，但胡人的势力始终未曾完全消灭。

囚徒与恶少年的军队昭、宣二帝时也屡次征发，并又时常临时募兵。至于像武帝时调发正式军队的例子，现在极其少见。西南夷与两粤平定之后，楼船似乎无形间废弃不用。其余三种正式军队一共只发过两次，并且都在宣帝一朝。本始二年（西元前七二年）发关东的轻车与步卒去帮助乌孙攻打匈奴。神爵元年西羌反时，一方面发三河、颍川、沛郡、淮阳、汝南的材官，一方面又发金城、陇西、天水、安定、北地、上郡的骑士。这种情形证明地方的兵一天比一天的不可用，所以国家非万不得已时不去征发。愈不征发，兵愈不可用。在这种恶劣的循环关系之下，由战国时代遗留下来的征兵制的痕迹就无形间消灭净尽。

到王莽时所用的就只有募兵、囚犯与外族兵，旧日正式的军队已经绝迹。例如始建国二年（西元一〇年）伐匈奴，"募天下囚徒丁男甲卒三十万人"，又发高句丽的兵，但高句丽不肯奉诏。此时适逢天灾流行，各地盗贼蜂起，最著名的是临淮的瓜田仪、琅邪女匪吕母与樊崇所率领由琅邪起事的赤眉贼，都于天凤四五年间（西元一七至一八年）发动。王莽在这种情形下，于天凤六年仍要大伐匈奴，所用的仍是"天下丁男及死罪囚吏民奴"。这种军队王莽大概也觉得不足用，于是

> 又博募有奇技术可以攻匈奴者，将待以不次之位。言便宜者以万数：或言能度水不用舟楫，连马接骑，济百万师；或言不持斗粮，服食药物，三军不饥；或言能飞，一日千里，可窥匈奴。莽辄试之，取大鸟翮为两翼，头与身皆著毛，通引环纽，飞数百步，堕。莽知其不可用，苟欲获其名，皆拜为理军，赐以车马，待发。

思用法术一类的把戏去打仗，这是一个兵力堕落不堪的社会才会发生的事，一个真正尚武的民族绝不屑于享受这些幼稚的幻想。后来闹到三辅之地也"盗贼麻起"。遣兵捕剿，"军师放纵，百姓重困"。现在已到了兵匪不分的时代，这是军民分立最后的当然结果。兵的行动与匪无异，无告的人民不得已也多起来为匪。（王莽时起事的人都是流民土匪出身。除赤眉等以外，如刘玄等人也都不过是土匪头目。见《后汉书》卷四一《刘玄刘盆子传》，卷四三《隗嚣公孙述传》。此外甚至有人利用西北属国的羌胡起兵。见《后汉书》卷四二《卢芳传》。）一个社会发展到这个阶段之后，兵事可说是到了不可救药的地步，任何理论上可通的方法都不能根本改善这种病态。

我们明白这种情形，对光武帝废除郡国兵的政策就不致认为难解。建武七年（西元三一年）诏：

> 今国有众军，并多精勇。宜且罢轻车、骑士、材官、楼船士及军假吏，令还复民伍。

地方兵现在已全不可用。太平时代，一般所谓好人都不肯当兵；天下一旦混乱，少数流氓与多数饥民就成为土匪，只能扰乱社会秩序，并不能卫国卫民。这些土匪往往打着军队的旗号，但旗号是不能掩盖实际的。只有善将兵的人经过相当时期的训练，才能造出一支真会打仗的军队。诏书中所谓"国有众军，并多精勇"，并非一句空话。光武起事时所领的虽也不过是些流氓与饥民，但经过十年左右的戎马生活，光武帝已锻炼出一个很大并且可用的军队。地方军反成了赘疣，在很多地方恐怕实际早已不存在，光武的诏书不过是承认一件既成的事实。隗嚣与公孙述是光武的两个大敌，在建武七年仍未平服，地方军若有丝毫的用处，光武也决不会在此时一纸公文把它废掉。

八 东 汉

所以东汉只有中央军，没有地方军。中央军除宫廷的卫士外，北军的名称仍然存在，称北军五营或五校，就是屯骑、越骑、步兵、长水、射声。每营有校尉一人，五军由北军中侯总领，就是武帝时的中垒校尉。武帝时七校的兵现在并为五校，胡骑并于长水，虎贲并于射声。北军五营中最少有两营完全是外族人，其他三营中是否有四夷的人加入已不可考。据《后汉书》注引《汉官》，五营每营七百人，只有长水营多三十六人，为七百三十六人。所以胡越兵在北军中占五分之二以上的地位。北军平时宿卫京师，四方有事也往往被发。

第二种中央直辖的军队就是驻守要地的营伍：

> 光武中兴，以幽、冀、并州兵骑克定天下，故于黎阳立营，以谒者监之。……扶风都尉部在雍县，以凉州近羌，数犯三辅，将兵卫护园陵，故俗称雍营。

黎阳就是今日河南浚县，在洛阳东北，所驻的大概就是光武所谓"国有众军，并多精勇"的兵，恐怕是东汉初年中央军的主体。雍营护卫长安与西汉诸帝的园陵，兵数大概也不少。可惜两营到底有多少兵，史籍没有记载。

中央第三种军队就是屯兵。缘边各郡都有屯田，明、章两代（西元五八至八八年）发囚徒到边疆屯田的事前后共有八次。(《后汉书》卷二《明帝纪》永平元年，八年，九年，十六年，十七年；卷三《章帝纪》建初七年，元和元年，章和元年。) 可见从前的屯兵都已变成边地的土著农民，已不堪当兵，只得再发囚徒去充实国防。明帝向王莽时丧失的西域方面活动，也恢复了屯田的事业。同时又在金城一带屯兵，防备西羌。

东汉也有属国兵，可算中央的第四种军队。东汉官制，有使匈奴中郎将一人，主护南单于；护乌桓校尉一人，主乌桓胡；护羌校尉一人，主西羌。（护乌桓校尉与护羌校尉西汉时已经设立，但西汉时羌兵与乌桓兵还不是中国不可少的兵力。）这三个都是专管边境属国的人。匈奴在王莽时反叛，大半又都逃出塞外，东汉初年屡次寇边。建武二十四年（西元四八年）匈奴内部分裂为南北，南单于自称呼韩邪，又来投降，中国又把河套以及整个并州的地方交给降胡。南单于本人居西河，韩氏骨都侯屯北地，右贤王屯朔方，当于骨都侯屯五原，呼衍骨都侯屯云中，郎氏骨都侯屯定襄，左南将军屯雁门，栗籍骨都侯屯代郡。

乌桓本是东北塞外（今热河南部）的东胡种，西汉时弱小，投降中国，代中国守边。王莽乱时与东汉初年屡次寇边。南匈奴投降的次年，建武二十五年（西元四九年），乌桓见强大的匈奴投降，自己于是也要求入居中国，光武也就容许他们迁居幽州塞内，为中国的属国。北军五营中长水一营的胡骑多半是乌桓人。

西羌本是小族，在西汉时就在凉州边境与汉人杂居，时常反叛，中国总是用屯田的方法防御他们。建武九年（西元三三年）光武设立护羌校尉，有事时可领降羌替中国打仗。所以并州由匈奴代守，幽州由乌桓代守，凉州由西羌代守。此外又有些囚徒屯田各地，与外族人共同守边。整个的北边，由辽东到敦煌，都不用内地士大夫良家子与一般顺民去费力保护，中兴盛世的安逸人民大概认为这是又便宜又舒服的事！

　　总之，东汉只有中央直辖的军队，并且外族在这个军队中占很重要的地位。不过废地方兵并不是简单的事。最低的限度，地方的治安是须有人维持的。所以各郡的太守一定要召募些保安的地方兵。关于这件事，在中兴时代我们没有直接的证据。但东汉末年各地州牧太守纷纷割据，一定原来有兵。然而这都是地方官的私军，不受中央的调动。所以严格讲来，仍可说东汉只有中央军，没有地方兵。

　　由东汉向外用兵的情形就可知道当时兵的性质。明帝永平十六年（西元七三年）窦固伐北匈奴，这是东汉第一次并且是中兴盛世的向外大发动，所用的兵很可玩味：

　　　　固与忠（耿忠）率酒泉、敦煌、张掖甲卒及卢水、羌胡万二千骑，出酒泉塞；耿秉、秦彭率武威、陇西、天水募士及羌胡万骑，出居延塞；又太仆祭肜、度辽将军吴棠将河东、北地、西河、羌胡及南单于兵万一千骑，出高阙塞；骑都尉来苗、护乌桓校尉文穆将太原、雁门、代郡、上谷、渔阳、右北平、定襄郡兵及乌桓、鲜卑万一千骑，出平城塞。

　　这四支军队中都有外族兵，祭肜、吴棠的一支完全是胡兵。后来窦固的从孙窦宪于和帝永元元年（西元八九年）又大伐匈奴：

　　　　会南单于请兵北伐，乃拜宪车骑将军，金印紫绶，官属依司空，以执金吾耿秉为副，发北军五校，黎阳雍营，缘边十二郡骑

士，及羌胡兵出塞。明年，宪与秉各将四千骑及南匈奴左谷蠡王
师子万骑，出朔方鸡鹿塞；南单于屯屠河，将万余骑，出满夷
谷；度辽将军邓鸿及缘边义从羌胡八千骑，与左贤王安国万骑，
出稠阳塞。皆会涿邪山。宪分遣副校尉阎盘、司马耿夔、耿谭将
左谷蠡王师子、右呼衍王须訾等精骑万余，与北单于战于稽落
山，大破之。虏众崩溃，单于遁走。追击诸部，遂临私渠比鞮
海，斩名王已下万三千级，获生口马牛羊橐驼百余万头。于是温
犊须、日逐、温吾、夫渠王柳鞮等八十一部率众降者，前后二十
余万人。宪、秉遂登燕然山，去塞三千余里，刻石勒功，纪汉
威德。

　　这是东汉规模最大、影响最深的一次外征，解决了三百年来的匈
奴问题，最少当时的人相信这个问题已经解决。但所用的兵大半是外
族人，而实际败北单于的完全是南匈奴的兵。我们对东汉能驾御外
族、以夷制夷的政策能收大功，不能不表示钦佩。但军队不是汉人的
军队却也是不可掩蔽的严重事实。

　　除此次大败北匈奴外，东汉惟一的对外武功就是班超的平定西
域。但班超当初所用的只有三十六个人，后来政府发给他的也不过一
千多囚徒与义勇兵。班超所以制服西域，一方面靠他个人特殊的将才
与超人的勇敢，一方面还是靠以夷制夷政策的大规模利用西域各国的
军队互相攻击。

　　这种专靠外族的办法极其危险。一旦外族不肯受利用，或转过来

向我反攻，自己就要束手无策。这件事后来的确实现，并且就在窦宪大破北匈奴后还不到二十年。东汉初期，西羌屡屡扰边。塞外的羌人想要向内地劫掠，塞内投降的羌人又常受地方官与边民的侵害，因而怨恨反叛。建武九年班彪上书：

> 今凉州部皆有降羌。羌胡被发左衽，而与汉人杂处；习俗既异，言语不通。数为小束黠人所见侵夺，穷恚无聊，故致反叛。夫蛮夷寇乱皆为此也。

西羌、匈奴虽然强悍，但对中国国家与中国文化似乎十分景仰，对中国一般人也无恶感。只要中国肯收容，他们就乐意移居塞内，为中国守边。由窦宪的攻破北匈奴可见他们也很诚恳的为中国卖力。但中兴以后政治日坏，地方官与豪右对这些异族的人不免侵夺、压迫，勉强他们服役。地方无知的人民恐怕也常推波助澜，因而时常引起叛变。待叛乱一起，地方官与边民又惶恐无措，敏捷的逃入内地，迟钝的束手待毙。

最大最长的一次羌乱于安帝永初元年开始，直到灵帝建宁二年才算平服，前后乱了六十多年的功夫（西元一〇七至一六九年）。羌乱的导火线很为简单。汉要发羌征西域，羌人不愿远屯，遂发兵反，出塞与塞外羌人联合，大乱于是开始。羌人在内地居住已久，多无兵器，只持用竹竿木枝为戈矛，用板案为楯，甚至手持铜镜为兵器。这种易与的叛羌就足以把边官与边民的胆惊破，都不敢动。顺民已驯顺到如何的程度，可想而知！中央派兵去剿，总是打败的时候多。边官多为内地人，不愿出死力守凉州，就上书勉强边民内徙逃难。领兵的人"多断盗牢禀，私自润入，皆以珍宝货赂左右。上下放纵，不恤军事，士卒不得其死者白骨相望于野"。羌人夺取了官军的兵器之后，势力更为浩大。这种种不堪设想的情形王符描写的最为活现。王符是西北安定临泾（今甘肃镇原县）人，恐怕他自己的亲友戚族就有受祸的人：

往者羌虏背叛，始自凉、并，延及司隶，东祸赵、魏，西钞蜀汉。五州残破，六郡削迹，周回千里，野无孑遗；寇钞祸害，昼夜不止，百姓灭没，日月焦尽。而内郡之士不被殃者咸云："当且放纵，以待天时！"用意若此，岂人心哉？前羌始反，公卿师尹咸欲捐弃凉州，却保三辅，朝廷不听。后羌遂侵，而论者多恨不从咸议。余窃笑之，所谓媾亦悔，不媾亦有悔者尔，未始识变之理。地无边，无边亡国。是故失凉州则三辅为边，三辅内入则弘农为边，弘农内入则洛阳为边，推此以相况，虽尽东海犹有边也！……

前日诸郡，皆据列城而拥大众……然皆不肯专心坚守，而反强驱其民，捐弃仓库，背城邑走。由此观之，非苦城乏粮也，但苦将不食尔！……

谚曰："痛不著身，言忍之；钱不出家，言与之！"假使公卿子弟有被羌祸朝夕切急如边民者，则竟言当诛羌矣！今苟以己无

惨怛冤痛，故端坐相仍；又不明修守御之备，陶陶闲澹，卧委天
听，羌独往来，深入多杀。已乃陆陆相将诣阙，谐辞礼谢退云
状。会坐朝堂，则无忧国哀民恳恻之诚，苟转相顾望，莫肯违
止。日宴时移，议无所定。已且须后，后得小安，则恬然弃忘。
旬时之间，虏复为害，军书交驰，羽檄狎至，乃复怔忪如前。若
此以来，出入九载。……一人吁嗟，王道为亏，况百万之众，
叫号哭泣，感天心乎？（王符《潜夫论》卷五《救边篇》第二二。同卷
《劝将篇》第二一、《边议篇》第二三、《实边篇》第二四也都论述羌祸与
边事。）

　　民众已不是战国时代人人能战的民众，士大夫更不是春秋时代出
将入相的士大夫。军事情形的不堪可谓达到极点。羌乱方平，灵帝中
平元年（西元一八四年）黄巾贼的乱事又起。这时虽是方经长期的羌
乱，国家仍是忙的手足无措，军事毫无把握。"诏公卿出马弩，举列
将子孙及吏民有明战阵之略者，谐公车。"同时又"诏敕州郡修理攻
守，简练器械"。国家发了五校与三河的骑士（大概就是黎阳营）与召
募的义勇兵，靠皇甫嵩与朱俊的将才算是把乌合的黄巾贼捕灭。但两
人（最少朱俊）似乎有"家兵"杂在国家的军队之内。各地的刺史、太
守都有私军，朱俊曾作过交阯刺史，这些"家兵"就是作刺史时所召
的私军。国家现在只有羌、胡兵与地方官的"家兵"可用，天下的大
势显然已不可收拾。

　　黄巾贼的次年，中平二年（西元一八五年），汉阳贼边章、韩遂与

羌胡联合东侵三辅。皇甫嵩奉命讨贼，就请求发乌桓兵三千人。北军中侯邹靖认为乌桓太弱，应当往塞外去召募鲜卑。下公卿大臣讨论此事，两方面都有赞成与反对的人。反对用鲜卑的理由，就是从前征匈奴与西羌曾用过鲜卑，结果并不美满：

> 斩获丑虏，既不足语，而鲜卑越溢，多为不法。裁以军令则忿戾作乱，制御小缓则陆掠残害。劫居人，钞商旅，啖人牛羊，略人兵马。得赏既多不肯去，复欲以物买铁。边将不听，便取缣帛聚欲烧之；边将恐怖，畏其反叛，辞谢抚顺，无敢拒违。

乌桓、鲜卑都不愿用，最后听了应劭的话，决定用陇西"守善不叛"的羌胡！一统天下的公卿大臣公开承认用外兵要忍受外兵的跋扈，但说来说去总是逃不出招募外兵，对于招用汉人始终无人提起一字。连方才平定黄巾、威震天下的皇甫嵩也是一样。可见本国兵只能对付国内乌合的土匪，一牵涉到外族就非用其他的外族不可！

汉人现在并不是完全不会用兵器。但只有保护自己的家乡才肯出力，并且还必须有领袖指导。若无勇敢的领袖，即或家乡被扰，大家也都是驯羊。例如应劭不敢提议用汉人到边疆打仗，但他于献帝初平二年（西元一九一年）守太山，复起的黄巾贼入郡界，"劭纠率文武，连与贼战，前后斩首数千级，获生口老弱万余人，辎重二千两。贼皆退却，郡内以安"。至于远离乡土去冒险，除非是荒年被迫为盗，没有人甘心去作。

列国并立时，每国都是一个有机体的坚强体系，天下一统之后临时尚可勉强维持，但不久就成了一盘散沙，永未变成一个大的有机体。这样的民族是任何内部野心家或外来野心族的战利品，决难自立自主，自己的命运总不操在自己手里。董卓之乱将这种情形暴露无遗（西元一八九至一九二年）。董卓虽是汉人，手下所率领的兵最少一部分是羌胡：

> 是时洛中贵戚室第相望，金帛财产家家殷积。卓纵放兵士突其庐舍，淫略妇女，剽虏资物，谓之搜牢。人情崩恐，不保朝夕。及何后葬，开文陵，卓悉取藏中珍物。又奸乱公主，妻略宫人。虐刑滥罚，睚眦必死，群僚内外莫能自固。卓尝遣军至阳城，时人会于社下，悉令就斩之，驾其车重，载其妇女，以头系车辕，歌呼而还。……
>
> 于是尽徙洛阳人数百万口于长安，步骑驱蹙，更相蹈藉，饥饿寇掠，积尸盈路。卓自屯留毕圭苑中，悉烧宫庙官府居家，二百里内无复孑遗。又使吕布发诸帝陵及公卿已下冢墓，收其珍宝。

迁都长安之后，长安又遭李傕、郭汜之乱，受祸不亚于洛阳。车驾于是又迁回东都：

> 自此长安城中尽空，并皆四散，二三年间关中无复行人。建

安元年车驾至洛阳，宫阙荡涤，百官披荆棘而居焉。州郡各拥强

兵，而委输不至。尚书郎官自出采稆，或不能自反，死于墟巷。

董卓以后各地的太守、刺史都扩大私军，割据自雄。实际上五胡
乱华的局面已经成熟。中国社会已经崩溃，只有边地的属国还有组
织，同时又勇敢善战。布满幽、并、凉三州的外族很可向南移动，占
据中国。恰巧当时中国出来几个特殊的人才，把这种厄运又暂缓了一
百年的功夫。所谓三国时代，由这个观点来看，可说是曹操、司马懿
几个善练兵善将兵又有政治谋略的人重新组织散漫的中国以便抵抗外
族的时代。曹操曾大破乌桓，并分散并州匈奴的势力，可见他明了这
个问题的严重性。但外族的势力根深蒂固，无从斩除；中国内部的病
势过于沉重，难以根治。几个特殊人才死后不久，中原终于成了汉代
那些属国的属国。

九　后言——汉末至最近

汉代的问题实际是中国的永久问题，东汉以下兵的问题总未解
决。只有隋及盛唐承袭北朝外族的制度，百余年间曾实行半征兵的府
兵制，这也是汉以后中国自治的惟一盛强时代。二千年来的情形，骨
子里都与东汉一样。东晋以下中原陷于外族将近三百年。隋唐的盛期
过去之后，由天宝到五代的二百年间是外族第二次扰乱中国的时代。
中国常雇用外兵，外族也常擅自行动。宋虽名为统一，中国本部东北

的燕云与西北的河西总未收复，每年与契丹、西夏纳贡，才得苟安。宋的军队中也有番兵，不过地位不像汉唐时那样重要。后来终于不能自保，中原又丧于女真，最后整个的中国亡于蒙古。明代算是把中国本部完全统一，但只有太祖、成祖的极短期间有应付外敌的能力。此后二百余年间几乎时时刻刻在勉强支持着应付外侮的进袭。受日本的一度威胁之后，不久就亡于满洲。道光以下满汉并衰，中国又感到有被西洋吞并的危险。自己的力量不足，清末以下就又借外力，不过方式随着时代略有变化。现在借的不是外兵，而是外国的军器军火与军事顾问。正如历代靠番兵不足抵抗外番，西洋的军器军火与军事顾问也不足以抵抗西洋或彻底西洋化的国家。

　　二千年来中国总是一部或全部受外族统治，或苟且自主而须忍受深厚的外侮；完全自立又能抵抗外族甚至能克服外族乃是极少见的例外。这种长期积弱局面的原因或者很复杂，但最少由外表看来，东汉以下永未解决的兵的问题是主要的原因。（并且大家一向都安于这种堕落的局面，并不觉得这是一个需要解决的问题。只有王安石曾认清这个问题，并提出适当的解决方法。在他《上仁宗皇帝言事书》［俗称《万言书》］中，他认为只有叫良民当兵，尤其是一般所谓士大夫都人人知兵，人人当兵，才能使中国自立自主。只就这一点来看，王安石已是二千年间特出的奇才。可惜王安石一类的积极人才在传统的中国决无成功的机会。一般的说来，文武兼备的人有比较坦白光明的人格，兼文武的社会也是坦白光明的社会。这是武德的特征。中国二千年来社会上下各方面的卑鄙黑暗恐怕都是畸形发展的文德的产物。偏重文德使人文弱，文弱的个人与文弱的社会难以有坦白光明的风度，只知使用心计；虚伪，欺诈，不彻底的空气支配一切，使一切都无办法。中国兵制的破裂与整个文化的不健全其实是同一件事。在这种病态的社会，王安石一流的人物生前必定失败，死后必留骂名。）人类历史上的政治集团，无论大小，不为刀俎，必为鱼肉；若要两种都不作，是办不到的事。东汉以下的中国不能作刀俎，当然也不愿作鱼肉；但实际大半的时候总是任人宰割。

无兵的文化

     著者前撰《中国的兵》，友人方面都说三国以下所讲的未免太简，似乎有补充的必要。这种批评著者个人也认为恰当。但二千年来的兵本质的确没有变化。若论汉以后兵的史料，正史中大半都有《兵志》，正续通考中也有系统的叙述，作一篇洋洋大文并非难事。但这样勉强叙述一个空洞的格架去凑篇幅，殊觉无聊。反之，若从侧面研究，推敲二千年来的历史有甚么特征，却是一个意味深长的探求。

     秦以上为自主、自动的历史，人民能当兵，肯当兵，对国家负责任。秦以下人民不能当兵，不肯当兵，对国家不负责任，因而一切都不能自主，完全受自然环境（如气候、饥荒等等）与人事环境（如人口多少、人才有无，与外族强弱等等）的支配。

秦以上为动的历史，历代有政治社会的演化更革。秦以下为静的历史，只有治乱骚动，没有本质的变化。在固定的环境之下，轮回式的政治史一幕一幕的更迭排演，演来演去总是同一出戏，大致可说是汉史的循环发展。

这样一个完全消极的文化，主要的特征就是没有真正的兵，也就是说没有国民，也就是说没有政治生活。为简单起见，我们可以称它为"无兵的文化"。无兵的文化，轮回起伏，有一定的法则，可分几方面讨论。

一　政治制度之凝结

历代的政治制度虽似不同，实际只是名义上的差别。官制不过是汉代的官制，由一朝初盛到一朝衰败期间，官制上所发生的变化也不能脱离汉代变化的公例。每朝盛期都有定制，宰相的权位尤其重要，是发挥皇权的合理工具，甚至可以限制皇帝的行动。但到末世，正制往往名存实亡，正官失权，天子的近臣如宦官、外戚、幸臣、小吏之类弄权专政，宰相反成虚设。专制的皇帝很自然的不愿信任重臣，因为他们是有相当资格的人，时常有自己的主张，不见得完全听命。近臣地位卑贱，任听皇帝吩咐，所以独尊的天子也情愿委命寄权，到最后甚至皇帝也无形中成了他们的傀儡。

例如汉初高帝、惠帝、吕后、文帝、景帝时代的丞相多为功臣，皇帝对他们也不得不敬重。他们的地位巩固，不轻易被撤换。萧何在相位十四年，张苍十五年，陈平十二年，这都是后代少见的例。萧何、曹参、陈平、灌婴、申屠嘉五个丞相都死在任上，若不然年限或者更长。

丞相在自己权限范围以内的行动，连皇帝也不能过度干涉。例如申屠嘉为相，一日入朝，文帝的幸臣邓通在皇帝前恃宠怠慢无礼，丞相大不满意，向皇帝发牢骚：

陛下幸爱群臣，则富贵之。至于朝廷之礼，不可以不肃！

文帝只得抱歉地答覆："君勿言，吾私之。"但申屠嘉不肯放松，罢朝之后回相府，正式下檄召邓通，并声明若不即刻报到就必斩首。邓通大恐，跑到皇帝前求援，文帝叫他只管前去，待危急时必设法救应。邓通到相府，免冠赤足，顿首向申屠嘉谢罪，嘉端坐自如，不肯回礼，并声色俱厉地申斥一顿：

夫朝廷者，高皇帝之朝廷也。通小臣，戏殿上，大不敬，当斩！史今行斩之！

"大不敬"在汉律中是严重的罪名，眼看就要斩首。邓通顿首不已，满头出血，申屠嘉仍不肯宽恕。文帝计算丞相的脾气已经发作到满意的程度，于是遣使持节召邓通，并附带向丞相求情："此吾弄臣，君释之！"邓通回去见皇帝，一边哭，一边诉苦："丞相几杀臣！"

这幕活现的趣剧十足地表明汉初丞相的威风，在他们行使职权的时候连皇帝也不能干涉，只得向他们求情。后来这种情形渐渐变化。武帝时的丞相已不是功臣，因为功臣已经死尽。丞相在位长久或死在任上的很少，同时有罪自杀或被戮的也很多。例如李蔡、庄青翟、赵周、公孙贺、刘屈氂都不得善终。并且武帝对丞相不肯信任，相权无形减少。丞相府原有客馆，是丞相收养人才的馆舍。武帝的丞相权小，不能多荐人，客馆荒凉，无人修理；最后只得废物利用，将客馆改为马厩、车库或奴婢室！

武帝似乎故意用平庸的人为相，以便于削夺相权。例如田千秋本是关中高帝庙的卫寝郎，无德无才，只因代卫太子诉冤，武帝感悟，于是就拜千秋为大鸿胪，数月之间拜相封侯。一言而取相位，这是连小说家都不敢轻易创造的奇闻。这件事不幸又传出去，贻笑外国。汉派使臣聘问匈奴，单于似乎明知故问：

闻汉新拜丞相。何用得之？

使臣不善辞令，把实话说出，单于讥笑说：

苟如是，汉置丞相非用贤也，妄一男子上书即得之矣！

这个使臣忠厚老实，回来把这话又告诉武帝。武帝大怒，认为使臣有辱君命，要把他下吏治罪。后来一想不妥当，恐怕又要贻笑大方，只得宽释不问。

丞相的权势降低，下行上奏的文件武帝多托给中书谒者令。这是皇帝左右的私人，并且是宦官。这种小人"领尚书事"，丞相反倒无事可作。武帝晚年，卫太子因巫蛊之祸自杀，昭帝立为太子，年方八岁，武帝非托孤不可。于是就以外戚霍光为大司马大将军，领尚书事，受遗诏辅政。大司马大将军是天下最高的武职，领尚书事就等于"行丞相事"，是天下最高的政权。武帝一生要削减相权，到晚年有意无意间反把相权与军权一并交给外戚。从此西汉的政治永未再上轨道。皇帝要夺外戚的权柄就不得不引用宦官或幸臣，最后仍归失败，汉的天下终被外戚的王莽所篡。至于昭帝以下的丞相，永久无声无息，大半都是老儒生，最多不过是皇帝备顾问的师友，并且往往成为贵戚的傀儡。光武中兴，虽以恢复旧制相标榜，但丞相旧的地位永未恢复，章帝以后的天下又成了外戚、宦官交互把持的局面。

后代官制的变化，与汉代如出一辙。例如唐朝初期三省的制度十分完善。尚书省总理六部行政事宜，尚书令或尚书仆射为正宰相。门下侍中可称为副宰相，审查诏敕，并得封驳奏钞诏敕。中书令宣奉诏敕，也可说是副宰相。但高宗以下天子左右的私人渐渐用"同中书门下平章事"的名义夺取三省的正权，这与汉代的"领尚书事"完全相同。

唐以后寿命较长的朝代也有同样的发展。宋代的制度屡次改革，但总的趋势也与汉、唐一样。南渡以后，时常有临时派遣的御营使或国用使一类的名目，操持宰相的实权。明初有中书省，为宰相职。明太祖生性猜忌，不久就废宰相，以殿阁学士勉强承乏。明朝可说是始终没有宰相，所以宦官才能长期把持政治。明代的演化也与前代相同，只不过健全的宰相当权时代未免太短而已。满清以外族入主中国，制度和办法都与传统的中国不全相同，晚期又与西洋接触，不得不稍微摹仿改制。所以清制与历来的通例不甚相合。

历朝治世与乱世的制度不同，丞相的权位每有转移。其时间常发生一个有趣的现象：就是前代末期的乱制往往被后代承认为正制。例如尚书、中书、门下三省，乃是汉末魏晋南北朝乱世的变态制度，但唐代就正式定它为常制。枢密院本是唐末与五代的反常制度，宋朝也定它为正制。但这一切都不过是名义。我们研究历代的官制，不要被名称所误。两代可用同样的名称，但性质可以完全不同。每代有合乎宪法的正制，有小人用事的乱制。各朝的正制有公同点，乱制也有公同点；名称如何，却是末节。盛唐的三省等于汉初的丞相，与汉末以下演化出来的三省全不相同。以此类推，研究官制史的时候就不至被空洞的官名所迷惑了。

三　中央与地方

宰相权位的变化，二千年间循环反复，总演不出新的花样。变化的原动力是皇帝与皇帝左右的私人，与天下的人民全不相干。这在一个消极的社会是当然的事。

中央与地方的关系，秦、汉以下也有类似的定例。太平时代，中央政府大权在握，正如秦、汉的盛世一样。古代封建制度下的阶级到汉代早已消灭。阶级政治过去后，按理可以有民众政治出现；但实际自古至今在任何地方也没有发生过真正的全民政治，并且在阶级消灭后总是产生个人独裁的皇帝政治，没有阶级的社会，无论在理论上如何美善，实际上总是一盘散沙。个人、家族以及地方的离心力非常强大，时时刻刻有使天下瓦解的危险。社会中并没有一个健全的向心力，只有专制的皇帝算是勉强沙粒结合的一个不很自然的势力。地方官必须由皇帝委任，向皇帝负责；不然天下就要分裂混乱。并且二千年来的趋势是中央集权的程度日愈加深。例如汉代地方官只有太守是直接由皇帝任命，曹掾以下都由太守随意选用本郡的人。南北朝时，渐起变化。隋就正式规定大小地方官都受命于朝廷，地方官回避乡土的制度无形成立。若把这种变化整个认为是由于皇帝或吏部愿意揽权，未免因果倒置。主要的关系恐怕还是因为一般的人公益心日衰，自私心日盛，在本乡作官弊多利少，反不如外乡人还能比较公平客观。所以与其说皇帝愿意绝对集权，不如说他不得不绝对集权。

乱世的情形正正相反。帝权失坠，个人、家族与地方由于自然的离心力又恢复了本质的散沙状态。各地豪族、土官、流氓、土匪的无理的专制代替了皇帝一人比较合理的专制。汉末三国时代与安史乱后的唐朝和五代十国都是这种地方官专擅的好例；最多只维持一个一统的名义，往往名义上也为割据。例如唐的藩镇擅自署吏，赋税不解中央，土地私相授受，甚至传与子孙。这并不是例外，以前或以后的乱世也无不如此。在这种割据时代，人民受的痛苦，由民间历来喜欢传诵的"宁作太平犬，勿作乱世民"的话，可以想见。乱世的人无不希望真龙天子出现，因为与地方小朝廷的地狱比较起来，受命王天下的政治真是天堂。

宋以下好似不大见到割据的局面，但这只是意外原因所造出的表面异态，北宋未及内部大乱，中原就被外族征服。南宋也没有得机会形成内部割据，就被蒙古人吞并。这都是外来的势力使中国内部不得割据的例证。元末汉人驱逐外族，天下大乱，临时又割据起来。明末流寇四起，眼看割据的局面就要成立，恰巧满清入关，中国又没有得内部自由捣乱。清末民初割据的局面实际已经成立，只因在外族势力的一方面威胁、一方面维持之下，中国不得不勉强摆出一个统一的面目。所以在北京政府命令不出国门的时候，中国名义上仍是一个大一统的中华民国。最近虽略有进步，这种情形仍未完全过去。所以宋以下历史的趋势与从前并无分别；只因外族势力太大，内在的趋势不得自由活动而已。

三　文官与武官

文官、武官的相互消长也与治乱有直接的关系。盛世的文官重于武官，同品的文武二员，文员的地位总是高些。例如汉初中央三公中的丞相高于太尉，地方的郡守高于郡尉，全国的大权一般讲来也都操在文吏的手中。又如唐初处宰相地位的三省长官全为文吏，军权最高的兵部附属于尚书省，唐制中连一个与汉代太尉相等的武官也没有。

独裁的政治必以武力为最后的基础。盛世是皇帝一人的武力专政，最高的军权操于一手，皇帝的实力超过任何人可能调动的武力。换句话说，皇帝是大军阀，实力雄厚，各地的小军阀不敢不从命。但武力虽是最后的条件，直接治国却非用文官不可；文官若要合法的行政，必须不受皇帝以外任何其他强力的干涉支配；若要不受干涉，必须有大强力的皇帝作后盾。所以治世文胜于武，只是一般的讲；归结到最后，仍是强力操持一切。这个道理很明显，历史上的事实也很清楚，无需多赘。中国历史上最足以点破这个道理的就是宋太祖杯酒解兵权的故事：

> 乾德初，帝因晚朝与守信等饮酒。酒酣，帝曰："我非尔曹不及此，然吾为天子殊不若为节度使之乐。吾终夕未尝安枕而卧！"
>
> 守信等顿首曰："今天命已定，谁复敢有异心？陛下何为出此言邪？"
>
> 帝曰："人孰不欲富贵？一旦有以黄袍加汝之身，虽欲不为，其可得乎？"
>
> 守信等谢曰："臣愚不及此，惟陛下哀矜之！"
>
> 帝曰："人生驹过隙尔，不如多积金、市田宅以遗子孙，歌儿舞女以终天年，君臣之间无所猜嫌，不亦善乎？"

守信谢曰："陛下念及此，所谓生死而肉骨也！"

明日皆称病，乞解兵权。帝从之，皆以散官就第，赏赍甚厚。

宋初经过唐末五代的长期大乱之后，求治的心甚盛，所以杯酒之间大军阀能将小军阀的势力消灭。此前与此后的开国皇帝没有这样便宜，他们都须用残忍的诛戮手段或在战场上达到他们的目的。

乱世中央的大武力消灭，离心力必然产生许多各地的小武力。中央的军队衰弱，甚至消灭，有力的都是各地军阀的私军。这些军阀往往有法律的地位，如东汉末的州牧都是朝廷的命官，但实际却是独立的军阀。唐代的藩镇也是如此。此时地方的文官仍然存在，但都成为各地军阀的傀儡，正如盛世的文官都为大军阀（皇帝）的工具一样。名义上文官或仍与武官并列，甚或高于武官；但实情则另为一事。例如民国初年各省有省长，有督军，名义上省长高于督军；但省长的傀儡地位在当时是公开的秘密。并且省长常由督军兼任，更见得省长的不值钱了。

乱世军阀的来源，古今也有公例。最初的军阀本多是中央的巡察使，代中央监察地方官，本人并非地方官。汉的刺史、州牧当初是巡阅使，并非行政官。唐代节度使的前身有各种的监察使，也与汉的刺史一样。后来设节度使，兵权虽然提高，对地方官仍是处在巡阅的地位；只因兵权在握，才无形中变成地方官的上司。这种局面一经成立，各地的强豪、土匪以及外族都可趁火打劫而成军阀。如汉末山贼张燕横行河北诸郡，朝廷不能讨，封为平难中郎将，领河北诸山谷事，每年并得举孝廉。唐末天下大乱，沙陀乘机发展，以致引起后日五代时期的沙陀全盛局面。这些新军阀都是巡察官的军阀制度成立后方才出现的。

四　士大夫与流氓

在一盘散沙的社会状态下，比较有组织的团体，无论组织如何微弱或人数如何稀少，都可操纵一般消极颓靡的堕民。中国社会自汉以下只有两种比较强大的组织，就是士大夫与流氓。

士大夫团体的萌芽，远在战国时代。古代的贵族政治破裂，封建的贵族被推翻，在政治上活动的新兴人物就是智识分子，在当时称为游说之士。但在战国时代百家争鸣，游说之士并非一个纯一而有意识的团体。这种团体的实现是汉武帝废百家，崇儒术，五经成为作官捷径后的事。隋唐以下，更加固定的科举制度成立，愈发增厚士大夫的团结力量。儒人读同样的书，有同样的目标，对事有同样的态度，并且因为政治由他们包办，在社会上他们又多是大地主，所以他们也可说有公同的利益。虽无正式的组织，他们实际等于一个政党，并且是惟一的政党。由此点看，一党专政在中国倒算不得稀奇！皇帝利用儒人维持自己的势力，儒人也依靠皇帝维持他们的利益。这些士大夫虽不是一个世袭的贵族阶级，却是惟一有公同目标的团体，所以人数虽少，也能操纵天下的大局。

但士大夫有他们特殊的弱点，以每个分子而论，他们都是些文弱的书生，兵戎之事全不了解，绝对不肯当兵。太平盛世他们可靠皇帝与团体间无形的组织维持自己的势力。天下一乱，他们就失去自立自主的能力，大权就移到流氓的手中。士大夫最多只能守成，并无应付变局的能力。每次天下乱时士大夫无能为的情形就暴露无遗。

乱世士大夫的行为几乎都是误国祸国的行为，古今绝少例外。他们的行为不外三种。第一，是无谓的结党误国。东汉末的党祸，宋代的新旧党争，明末的结党，是三个最明显的例。三例都是在严重的内忧或外患之下的结党营私行为。起初的动机无论是否纯粹，到后来都成为意气与权力的竞争；大家都宁可误国，也不肯牺牲自己的意见与颜面，当然更不肯放弃自己的私利。各党各派所谈的都是些主观上并不诚恳、客观上不切实际的高调。

乱世士大夫的第二种行为就是清谈。一般的高调当然都可说是清谈，但典型的例却是魏晋时代的清静无为主义。胡人已经把凉州、并州、幽州（略等于今日甘肃、山西、河北三省）大部殖民化，中国的内政与民生也到了山穷水尽的时候，一些负政治责任的人与很多在野的人仍在谈玄，这可说是一种逃避现实的行为。今日弄世丧志的小品幽默文字，与一知半解的抄袭西洋各国的种种主义与盲目的号呼宣传，可说是两种不同的二十世纪式的清谈。

乱世士大夫的第三种行为就是作汉奸。作汉奸固然不必需要士大夫，但第一等的汉奸却只有士大夫才有资格去作。刘豫与张邦昌都是进士出身。洪承畴也是进士。近年的例可无需列举了。

　　流氓团体与士大夫同时产生。战国时代除游说之士外，还有游侠之士。他们都肯为知己的人舍身卖命，多为无赖游民出身；到汉代皇帝制度成立后，费了九牛二虎之力才把侠士太公开的自由行动大致铲除。但这种风气始终没有消灭，每逢乱世必定抬头。由东汉时起，流民也有了组织，就是宗教集团。最早的例就是黄巾贼。松散的人民除对家族外，很少有团结的能力。只有利用宗教的迷信与神秘的仪式才能使民众团结。由东汉时代起，历代末世都有类似黄巾贼的团体出现。黄巾贼的宣传，提出"苍天已死，黄天当立；岁在甲子，天下大吉"似通不通的神秘口号。唐末黄巢之乱，也倡出黄应代唐的妖言。元末白莲教盛行一时，明代（尤其明末）历批的流寇仍多假借白莲教或其他邪教的名义。满清末季的白莲教、天理教、八卦教以及义和团都是这类的流氓、愚民与饿民的团体。流氓是基本分子，少数愚民被利用，最后饿民大批入教。一直到今日，在报纸上还是时常发现光怪陆离的邪教在各地活动。但二千年来的流氓秘密组织是否有一线相传的历史，或只是每逢乱世重新产生的现象，已无从稽考了。

　　太平时代，流氓无论有组织与否，都没有多大的势力。但惟一能与士大夫相抗的却只有这种流氓团体。梁山泊式劫富济贫、代天行道的绿林好汉，虽大半是宣传与理想，但多少有点事实的根据。强盗、窃贼、扒手、赌棍以及各种各类走江湖的帮团的敲诈或侵略的主要对象就是士大夫。流氓的经济势力在平时并不甚强，但患难相助的精神在他们中间反较士大夫间发达，无形中增加不少的势力。

流氓团体也有它的弱点。内中的分子几乎都是毫无知识的人，难成大事。形式上的组织虽较士大夫为强，然而实际也甚松散。《水浒》中的义气只是理想化的浪漫故事。真正大规模的坚强组织向来未曾实现过，所以在太平时代，流氓不能与士大夫严重对抗，并且往往为士大夫所利用：大则为国家的武官或捕快，小则为士大夫个人的保镖。由流氓团体的立场来看，这是同类相残的举动，可说是士大夫"以夷制夷"政策成功的表现。

但遇到乱世，士大夫所依靠的皇帝与组织失去效用，流氓集团就可临时得势。天下大乱，大则各地割据的土皇帝一部为流氓头目出身，小则土匪遍地，官宪束手，各地人民以及士大夫都要受流氓地痞的威胁与侵凌。人民除正式为宫廷纳税外，还须法外地与土匪纳保险费，否则身家财产都难保障。士大夫为自保起见，往往被迫加入流氓集团，为匪徒奔走，正如太平时代士大夫的利用流氓一样。以上种种的情形，对民国初期的中国人都是身经、目睹或耳闻的实情，无需举例。

流氓虽然愚昧，但有时也有意外的成就。流氓多无知，流氓集团不能成大事；但一二流氓的头目因老于世故，知人善任，于大乱时期间或能成伟人，甚至创造帝业。汉高祖与明太祖是历史上有名的这类成功人物。但这到底是例外，并且他们成事最少一部分须靠士大夫的帮助，成事之后更必须靠士大夫的力量保守成业，天下的权力于是无形中又由流氓移到士大夫的手里。

五　朝代交替

"话说天下大势，分久必合，合久必分。"谁都知道这是《三国志演义》的开场白，也可说是二千年来中国历史一针见血的口诀。一治一乱之间，并没有政治社会上真正的变化，只有易姓王天下的角色更换。我们在以上各节所讲的都是治世与乱世政治社会上各种不同的形态，但没有提到为何会有这种循环不已的单调戏剧。朝代交替的原因或者很复杂，但主要的大概不外三种，就是皇族的颓废，人口的增长，与外族的迁徙。

第一种是个人的因素，恐怕不很重要；但因传统的史籍上多偏重这一点，我们不妨略为谈及。皇族的颓废化是一个自然的趋势，有两方面：一是生物学的或血统的，一是社会学的或习惯的。任何世袭的阶级，无论人数多少，早晚总要遇到一个无从飞渡的难关，就是血统上的退化。从古至今没有一个贵族阶级能维持长久，原因虽或复杂，但血统的日趋退化必是一个很重要的原因。法国革命前的贵族都是新贵，中古的贵族都已死净或堕落。今日英国的贵族能上溯到法国革命时代的已算是老资格的了。至于贵族中的贵族（王族或皇族）因受制度的维护，往往不至短期间就死净或丧失地位，但血统上各种不健全的现象却无从避免。百年战争时代（十四与十五世纪间）的法国王族血统中已有了深重的神经病苗。今日欧洲各国的王族几乎没有一个健全的；只因实权大多不操在王手，所以身体上与神经上的各种缺陷无关紧要。但中国自秦、汉以下是皇帝专制的局面，皇帝个人的健全与否对于天下大局有很密切的关系。低能或愚昧的皇帝不只自己可走错步，他更容易受人包围利用。中国历代乱世几乎都有这种现象。至于血统退化的原因，那是生物学与优生学的问题，本人无需离题多赘。

皇族的退化不只限于血统，在社会方面皇帝与实际的人生日愈隔离，也是一个大的弱点。创业的皇帝无论是否布衣出身，但总都是老经世故、明了社会情况的领袖，所以不至受人愚弄。后代的皇帝生长在深宫之中，从生到死往往没有见过一个平民的面孔，对人民的生活全不了解。例如晋惠帝当天下荒乱，百姓饿死的时候，曾说："何不食肉糜？"法国革命时巴黎饿民发生面包恐慌，路易第十六世的美丽王后也曾问过："他们为何不吃糕饼？"这样的一个皇帝，即或身心健全，动机纯粹，也难以合理地治理国家，必不免为人包围利用；若再加上血统的腐化，就更不必说了。

皇族的退化只是天下大乱的一个次要原因。由中国内部的情形来讲，人口的增长与生活的困难恐怕是主要的原因。这个问题非常重要，下面另辟一节讨论。由外部的情形来讲，气候的变化与游牧民族的内侵是中国朝代更换的主要原因。大地上的气候似乎是潮湿期与干燥期轮流当位。潮湿期农产比较丰裕，生活易于维持，世界上各民族间不致有惊人的变动。干燥期间土著地带因出产减少，民生日困。并且经过相当长的潮湿期与太平世之后，人口往往已达到饱和状态，农收丰裕已难维生，气候若再忽然干燥，各地就立刻要大闹饥荒。所以内在的因素已使土著地带趋向混乱。同时沙漠或半沙漠地带的游牧民族因气候骤变，生活更难维持；牛羊大批的饿死，寄生的人类也就随着成了饿殍。游牧民族在平时已很羡嫉土著地带的优裕生活，到了非常时期当然要大批的冲入他们心目中的乐国。自古以来中国的一部或全部被西北或东北的外族征服，几乎都在大地气候的干燥时期。这绝不是偶然的事。(关于气候变化与游牧民族迁徙的问题，可参考 Ellsworth Huntington 教授的各种著作，最重要的是 *Civilization and Climate*；*The Pulse of Asia*；*Character of Races*。) 中国被外族征服是二千年来历史上的一件重大公案，下面也另节引申讨论。

六　人口与治乱

食料的增加有限，人口的增加无穷，这在今日已是常识。一切生物都自然的趋向于无限的繁殖，中国传统的大家族制度与"不孝有三，无后为大"的香火主义使人口增加的速度更加提高。一家数十口，靠父祖的遗产坐吃山空，都比赛着娶妻生子。甚至没有遗产或遗产甚少，但数十口中若有一二人能够生产，全家就都靠这一二人生活繁殖。所以在小家庭的社会被淘汰的废人游民，在中国也都积极地参加人口制造的工作。并且按人类生殖的一般趋势，人愈无用生殖愈多，低能儿之生儿育女的能力远超常人，生殖似乎是废人惟一的用处与长处。所以中国不只人口增加的特别快，并且人口中的不健全分子的比例恐怕也历代增加。这大概是二千年来中国民族的实力与文化日愈退步的一个主要原因。

中国到底能养多少人口，是一个难以解答的问题。人口的统计向来不甚精确。先秦时代可以不论，由汉至明的人口，按官家的统计，最盛时也不过六千万左右，大乱后可以减到一二千万。但这个数目恐怕太低。中国自古以来的人丁税与徭役制度使人民都不肯实报户口；若说明以上中国的人口向来没有达到过七千万，这是很难置信的。由满清时代的人口统计，可以看出前代的记载绝不可靠。（汉代人口最盛时五千九百万［《汉书》卷二八上《地理志》下］。这数目或者还大致可靠。一，因当时的农业方法尚甚幼稚。二，因今日广东、广西、福建、云南、贵州与四川一部的广大区域方才征服，尚未开发。三，因长江流域一带也没有发展到后日的程度。大概汉时承继古代法治的余风，政治比较上轨道，人民也比较的肯负责，大致准确的人口统计还不是绝对办不到的事。至于唐代人口最盛时只有五千万的记载，绝不可信；此后历代的统计就更不值一顾了。）康熙五十年（西元一七一一年）的人口为二千四百万。五十一年，颁"盛世滋生人丁"的诏书，从此以后，人丁赋以康熙五十年为准，这实际等于废人丁税。雍正时代田租与丁赋合并，可说是正式废除人丁税。从此户口实报已无危险，人口的统计不致像前代的虚妄。十年以后，康熙六十年（西元一七二一年），增到二千七百万。此后增加的速率渐渐达到好像不可信的惊人程度。二十八年后，乾隆十四年（西元一七四九年），人口忽然加到前古未有一万七千七百万的高度，较前增加了六倍半。二十八年也不过是一世的期间，中国生殖率虽然高，也绝无高到这种程度的道理；显然是前此许多隐瞒的人口现在都出头露面了。再过十年，乾隆二十四年（西元一七五九年），就有一万九千四百万。再过二十四年，乾隆四十八年（西元一七八三年），就有二万八千四百万，将近三万万的人口高潮了。(关于历代人口的统计，除散见于正史《地理志》或《食货志》诸篇外，最方便的参考书就是《文献通考》卷一〇至一一《户口考》，《续文献通考》卷一二至一四《户口考》，《清朝文献通考》卷一九至二〇《户口考》。)此时社会不安的现象渐渐抬头，高宗逊位之后就发生川、楚教匪的乱事，可见饭又不够吃的了。自此以后，至今一百四十年间社会总未安定，大小的乱事不断的发生。所以就拿中国传统极低的生活程度为标准，三万万的人口是中国土地的生产能力所能养的最高限度。历代最高六千万的统计，大概是大打折扣的结果，平均每五人只肯报一人。

至于今日四万万以至五万万的估计，大致也离实情不远。这个超过饱和状态的人口是靠外国粮食维持的。近年来每年六万万元的入超中，总有二万万元属于米麦进口。都市中的人几乎全靠外国粮食喂养，乡间也有人吃洋饭。这在以农立国的中华是生民未有的变态现象。今日的中国好比一个坐吃山空的大破落户，可吃的东西早已吃净，现在专靠卖房卖田以至卖衣冠鞋袜去糊口，将来终有一天产业吃光，全家老小眼看饿死。("兵在精，不在多"，谁都承认。一讲到人口，一般的见解总以为是多多益善。这是不思的毛病。南京中国地理学会出版的《地理学报》第二卷第二期[民国二十四年六月]中有胡焕庸教授《中国人口之分布》一文，可代表多数人的开明见解，注意中国人口的问题的人都当一读。)

历代人口过剩时的淘汰方法，大概不出三种，就是饥荒、瘟疫与流寇的屠杀。人口过多，丰收时已只能勉强维持；收成略减，就要大闹饥荒。饥荒实际有绝对的与相对的两种。广大的区域中连年不雨或大雨河决，这是绝对的饥荒，人口不负责任。但中国每逢乱世必有的饥荒不见得完全属于这一类，最少一部分是人口过剩时，收成稍微减少，人民就成千累万的饿死。

瘟疫与饥荒往往有连带的关系。食料缺乏，大多数人日常的营养不足，与病菌相逢都无抵抗的能力，因而容易演成大规模的传播性瘟疫。试看历代正史的《本纪》中，每逢末世，饥荒与瘟疫总是相并而行，这也绝非偶然的事。

饥荒与瘟疫可说是自然的淘汰因素，人为的因素就是流寇。流寇在二千年来的中国历史上地位非常重要，甚至可说是一种必需的势力。民不聊生，流寇四起，全体饿民都起来夺食，因而互相残杀。赤眉贼、黄巾贼、黄巢、李自成、张献忠是最出名的例子。但流寇不见得都是汉人，西晋末的五胡乱华也可看作外族饿民的流寇之祸。

在民乱初起时，受影响的只限于乡间，但到大崩溃时城市与乡间一同遭殃。例如西晋永嘉之乱时：

> 长安城中户不盈百，墙宇颓毁，蒿棘成林。朝廷无车马章服，唯桑版署号而已。众惟一旅，公私有车四乘。

长安城中的人民或死亡，或流散。至于乡间的情形，据永嘉间的并州刺史刘琨的报告：

> 臣自涉州疆，目睹困乏，流移四散，十不存二；携老扶弱，不绝于路。及其在者，鬻卖妻子，生相捐弃；死亡委危，白骨横

野，哀呼之声，感伤和气。群胡数万，周匝四山，动足遇掠，开
目睹寇。唯有壶关可得告籴，而此二道九州之险，数人当路，则
百夫不敢进。公私往返，没丧者多。婴守穷城，不得薪采；耕牛
既尽，又乏田器。

后来刘琨转战到达晋阳（今太原），只见

　　府寺焚毁，僵尸蔽地，其有存者，饥羸无复人色。荆棘成
林，豺狼满道。

城乡人口一并大减。历史中所谓"人民十不存一二"或许说得过
火，但大多数人民都死于刀兵水火或饥饿，是无可怀疑的。

民间历代都有"劫"的观念，认为天下大乱是天命降劫收人。这
种民间迷信实际含有至理。黄巢的杀人如麻，至今还影射在民族心理
的戏剧中。黄巢前生本为目连，因往地狱救母，无意中放出八百万饿
鬼；所以他须托生为收人的劫星，把饿鬼全部收回。凡该被收的人，
无论藏在甚么地方，也逃不了一刀。这就是所谓"黄巢杀人八百万，
在劫难逃"。这种神秘说法实际代表一个惨痛的至理。那八百万人
（黄巢直接与间接所杀的恐怕还不只此数），无论当初是否饿鬼，但实际恐
怕大多数是饿民或候补的饿民，屠杀是一个直截了当的解决方法。
（黄巢的八百万饿鬼中还有不少的洋鬼！见张星烺教授《中西交通史料汇篇》第三
册第二九节。）

历代人口的增减有一个公式，可称为大增大减律。增加时就增到饱和点甚至超饱和点，减少时就减到有地无人种、有饭无人吃的状态。人口增多到无办法时，由上到下都感到生活困难；官吏受了生活恐慌心理的影响，日愈贪污，苛捐杂税纷至沓来。民间的壮健分子在饥寒与贪污的双层压迫下，多弃地为匪，或入城市经营小本工商，或变成无业的流民与乞丐。弃地日多，当初的良田一部成为荒地，生产愈少，饥荒愈多。盗匪遍地之后，凡不愿死于饥荒或匪杀的农民，也多放弃田地，或入城市，或为盗匪。荒地愈多，生产愈少，生产愈少，饥荒愈甚；饥荒愈甚，盗匪愈多，盗匪愈多，荒地愈广。这个恶圈最后一定发展到良民与盗匪无从辨别的阶段，这就是流寇的阶段。

长期的酝酿之后，人口已经减少，再加最后阶段的流寇屠杀，当初"粥少僧多"的情形必一变而成"有饭无人吃"的局面。至此天下当然太平，真龙天子也就当然出现。大乱之后，土地食料供过于求，在相当限度以内，人口可再增加而无饥荒的危险。所以历史上才有少则数十年、多则百年的太平盛世：西汉初期的文景之治，东汉初期的中兴之治，唐初的贞观之治，清代康熙乾隆间的百年太平，都是大屠杀的代价所换来的短期黄金境界。生活安逸，社会上争夺较少，好弄词藻的文人就作一套"路不拾遗，夜不闭户"的理想文章来点缀这种近于梦幻的境界。

但这种局面难以持久。数十年或百年后，人口又过剩，旧的惨剧就须再演一遍。

七　中国与外族

　　二千年来外族在中国历史上的地位非常重要。在原则上，中国盛强就征服四夷，边境无事；中国衰弱时或气候骤变时游牧民族就入侵扰乱，甚或创立朝代。但实际二千年来中国一部或全部大半都在外祸之下呻吟。五胡乱华与南北朝的三百年间，中原是外族的地盘。后来隋唐统一，中国算又自主。但隋与盛唐前后尚不到二百年，安史之乱以后，由肃宗到五代的二百年间，中原又见胡蹄时常出没，五代大部是外族扰攘的时期。北宋的一百六七十年间，中国又算自主，但国防要地的燕云终属于契丹，同等重要的河西之地又属西夏。南宋的一百五十年间，北方又成了女真的天下。等到女真已经汉化之后，宋、金同归于尽，一百年间整个的中国是蒙古大帝国的一部，这是全部中国的初次被征服。明朝是盛唐以后汉族惟一的强大时代，不只中国本部完全统一，并且东北与西北两方面的外族也都能相当的控制。这种局面勉强维持了约有二百年，明末中国又渐不能自保，最后整个的中国又第二次被外族征服。二百年后，满人已经完全汉化，海洋上又出现了后来居上的西洋民族。鸦片一战以后，中国渐渐成为西洋人的势力，一直到今天。

　　中国虽屡次被征服，但始终未曾消灭，因为游牧民族的文化程度低于中国，入主中国后大都汉化。只有蒙古人不肯汉化。所以不到百年就被驱逐。游牧民族原都尚武，但汉化之后，附带的也染上汉族的文弱习气，不能振作，引得新的外族又来内侵。蒙古人虽不肯汉化，但文弱的习气却已染上，所以汉人不很费力就把他们赶回沙漠。

鸦片战争以下，完全是一个新的局面。新外族是一个高等文化民族，不只不肯汉化，并且要同化中国。这是中国有史以来所未曾遭遇过的紧急关头，惟一略为相似的前例就是汉末魏晋的大破裂时代。政治瓦解到不可收拾的地步，因而长期受外族的侵略与统治。旧文化也衰弱僵化，因而引起外来文化势力的入侵，中国临时完全被佛教征服，南北朝时代的中国几乎成了印度中亚文化的附庸。但汉末以下侵入中国的武力与文化是分开的，武力属于五胡，文化属于印度。最近一百年来侵入中国的武力与文化属于同一的西洋民族，并且武力与组织远胜于五胡，文化也远较佛教为积极。两种强力并于一身而向中国进攻，中国是否能够支持，很成问题。并且五胡与佛教入侵时，中国民族的自信力并未丧失，所以仍能得到最后的胜利：五胡为汉族所同化，佛教为旧文化所吸收。今日民族的自信力已经丧失殆尽，对传统中国的一切都根本发生怀疑。这在理论上可算为民族自觉的表现，可说是好现象。但实际的影响有非常恶劣的一方面：多数的人心因受过度的打击都变为麻木不仁，甚至完全死去，神经比较敏捷的人又大多盲目的崇拜外人，捉风捕影，力求时髦，外来的任何主义或理论都有它的学舌的鹦鹉。这样说来，魏晋南北朝的局面远不如今日的严重，我们若要找可作比较的例证，还须请教别的民族的历史。

古代的埃及开化后，经过一千余年的酝酿，在西元前一六〇〇年左右全国统一，并向外发展，建设了一个大帝国，正如中国的秦汉时代一样。这个帝国后来破裂，时兴时衰，屡次被野蛮的外族征服，但每次外族总为埃及所同化。这与中国由晋至清的局面相同。最后于西元前五二五年埃及被已经开化的波斯人征服，埃及文化初次感到威胁。但波斯帝国不能持久，二百年后埃及又为猛进的希腊人所征服。从此埃及文化渐渐消灭，亚历山大利亚后来成为雅典以外最重要的希腊文化城。从此经过罗马帝国时代，埃及将近千年是希腊文化的一部分。最后在西元六三九至六四三年间，埃及又为回教徒的亚拉伯人所征服，就又很快的亚拉伯化，一直到今天埃及仍是亚拉伯文化的一部分。今日在尼罗河流域只剩有许多金字塔与石像还属于古埃及文化。宗教以及风俗习惯都已亚拉伯化，古文字也早已被希腊文与亚拉伯文前后消灭，直到十九世纪才又被西洋人解读明白，古埃及的光荣历史才又被人发现。

古代的巴比伦与埃及的历史几乎同时，步骤也几乎完全一致，也是在统一与盛强后屡次被野蛮的外族征服，但外族终被同化。后来被波斯征服，就渐渐波斯化，最后被亚拉伯人征服同化。今日在两河流域的古巴比伦地已经找不到一个巴比伦人，巴比伦的文字也是到十九世纪才又被西洋的考古学家解读明白的。

中国是否也要遭遇古代埃及与巴比伦的命运？我们四千年来的一切是否渐渐都要被人忘记？我们的文字是否也要等一二千年后的异族天才来解读？但只怕汉文一旦失传，不是任何的天才所能解读的！这都是将来的事，难以武断地肯定或否定。但中国有两个特点，最后或有救命的效能，使它不至遭遇万劫不复的悲运。中国的地面广大，人口众多，与古埃及、巴比伦的一隅之地绝不可同日而语。如此广大的特殊文化完全消灭，似非易事。但现代战争利器的酷烈也为前古所未有，西洋各国宣传同化的能力也是空前的可怕，今日中国人自信力的薄弱也达到了极点，地大人多似乎不是十分可靠的保障。

　　另外一个可能的解救中国文化的势力就是中国的语言文字。汉文与其他语文的系统都不相合，似乎不是西洋任何的语文所能同化的。民族文化创造语言文字，同时语言文字又为民族文化所寄托，两者有难以分离的关系，语言文字若不失掉，民族必不至全亡，文化也不至消灭。亚拉伯人所同化的古民族中，只有波斯人没有失去自己的语言文字，所以今日巴比伦人与埃及人已经绝迹于天地间，但波斯地方居住的仍是波斯人，他们除信回教之外，其他都与亚拉伯人不同。并且他们所信的回教是亚拉伯人所认为异端的派别，这也是波斯人抵抗亚拉伯文化侵略的表现。这种抵抗能力最少一部分是由于语言文字未被同化。西洋文化中国不妨尽量吸收，实际也不得不吸收，只要语言文字不贸然废弃，将来或者终有消化新养料而复兴的一天。

君子与伪君子

——一个史的观察

观察中国整个的历史，可能的线索甚多，每个线索都可贯串古今，一直牵引到目前抗战建国中的中国。"君子"一词来源甚古，我们现可再用它为一个探讨的起发点。

"君子"是封建制度下的名词。封建时代，人民有贵贱之分，贵者称"士"，贱者称"庶"。"君子"是士族阶级普通的尊称；有时两词连用，称"士君子"。士在当时处在政治社会领导的地位，行政与战争都是士的义务，也可说是士的权利。并且一般讲来，凡是君子都是文武兼顾的。行政与战争并非两种人的分工，而是一种人的合作。殷周封建最盛时期当然如此，春秋时封建虽已衰败，此种情形仍然维持。六艺中，礼、乐、书、数是文的教育，射、御是武的教育，到春秋时仍是所有君子必受的训练。由《左传》、《国语》中，可知当时的政治人物没有一个不上阵的。国君也往往亲自出战，晋惠公竟至因而被虏。国君的子侄兄弟也都习武。晋悼公的幼弟扬干最多不过十五岁就入伍；因为年纪太轻，以致扰乱行伍而被罚。连天子之尊也亲自出征，甚至在阵上受伤。如周桓王亲率诸侯伐郑，当场中箭。当兵绝非如后世所谓下贱事，而是社会上层阶级的荣誉职务。平民只有少数得有入伍的机会，对于庶人的大多数，当兵是一个求之不得的无上权利。

在这种风气之下，所有的人，尤其是君子，都锻炼出一种刚毅不屈、慷慨悲壮、光明磊落的人格。"士可杀而不可辱"，在当时并非寒酸文人的一句口头禅，而是严重的事实。原繁受郑厉公的责备，立即自杀。晋惠公责里克，里克亦自杀。若自认有罪，虽君上宽恕不责，亦必自罚或自戮。鬻拳强谏楚王，楚王不从；以兵谏，楚王惧而听从。事成之后，鬻拳自刖，以为威胁君上之罪罚。接受了一种使命之后，若因任何原因不能复命，必自杀以明志。晋灵公使力士鉏麑去刺赵盾，至赵盾府后，发现赵盾是国家的栋梁，不当刺死，但顾到国家的利益，就不免违背君命；从君命，又不免损害国家。所以这位力士就在门前触槐而死。以上不过略举一二显例，类此的事其多，乃是当时一般风气的自然表现。并且这些慷慨的君子，绝不是纯粹粗暴的武力。他们不只在行政上能有建树，并且都能赋诗，都明礼仪，都善辞令，不只为文武兼备的全才。一直到春秋末期，后世文人始祖的孔子，教弟子仍用六艺，孔子自己也是能御能射的人，与后世的酸儒绝非同类的人物。

到战国时，风气一变。经过春秋战国之际的一度大乱之后，文化的面目整个改观。士族阶级已被推翻，文武兼备的人格理想也随着消灭。社会再度稳定之后，人格的理想已分裂为二，文武的对立由此开始。文人称游说之士，武人称游侠之士。前者像张仪以及所有的先秦诸子，大半都是凭着三寸不烂之舌，用读书所习的一些理论去游说人君。运气好，可谋得卿相的地位；运气坏，可以招受奇辱。张仪未得志时，曾遭楚相打过一顿，诬他为小偷。但张仪绝不肯因此自杀，并且还向妻子夸口：只要舌头未被割掉，终有出头露面的一天。反之，聂政、荆轲一类的人物就专习武技，谁出善价就为谁尽力，甚至卖命。至于政治主张或礼仪文教，对这些人根本谈不到。所以此时活动于政治社会上的人物，一半流于文弱无耻，一半流于粗暴无状。两者各有流弊，都是文化不健全的象征。

到汉代，游侠之士被政府取缔禁止。后世这种人在社会上没有公认的地位，但民间仍然崇拜他们，梁山泊好汉的《水浒传》就是民间这种心理的产品。

汉以后所谓士君子或士大夫完全属于战国时代游说之士的系

统。汉武帝尊崇儒术，文士由此取得固定不变的地位。纯文之士，无论如何诚恳，都不免流于文弱、寒酸与虚伪；心术不正的分子，更无论矣。惟一春秋以上所遗留的武德痕迹，就是一种临难不苟与临危受命的精神。但有这种精神的人太少，不能造出一个遍及社会的风气。因为只受纯文教育的人很难发挥一个刚毅的精神，除非此人有特别优越的天然禀赋。可惜这种禀赋，在任何时代，也是不可多得的。

　　至于多数的士君子，有意无意中都变成伪君子。他们都是手无缚鸡之力的白面书生。身体与人格虽非一件事，但一般的讲来，物质的血气不足的人，精神的血气也不易发达。遇到危难，他们即或不畏缩失节，也只能顾影自怜的悲痛叹息，此外一筹莫展。至于平日生活的方式，细想起来，也很令人肉麻。据《荀子》记载，战国时代许多儒家的生活形态已是寒酸不堪。后世日趋愈下。汉代的董仲舒三年不涉足于自己宅后的花园，由此被人称赞。一代典型之士的韩愈，据他的自供，"年未四十，而视茫茫，而发苍苍，而齿牙动摇"。这位少年老成者日常生活的拘谨迂腐，可想而知。宋明理学兴起，少数才士或有发挥。多数士大夫不过又多了一个虚伪生活的护符而已。清初某理学先生，行步必然又方又正，一天路上遇雨，忽然忘其所以，放步奔避。数步之后，恍然悟到行动有失，又回到开始奔跑的地方，重新大摇大摆地再走一遍。这个人，还算是诚恳的。另外，同时又有一位理学先生，也是同样地避雨急走，被旁人看见指摘之后，立刻掏腰包贿赂那人不要向外宣传！这虽都是极端的例子，却很足以表现一般士君子社会的虚伪风气。这一切的虚伪，虽可由种种方面解释，但与武德完全脱离关系的训练是要负最大的责任的。纯文之士，既无自卫的能力也难有悲壮的精神，不知不觉中只知使用心计，因而自然生出一种虚伪与阴险的空气。

我们不要以为这种情形现在已成过去，今日的知识阶级，虽受的是西洋传来的新式教育，但也只限于西洋的文教，西洋的尚武精神并未学得。此次抗战这种情形暴露无遗。一般人民，虽因二千年来的募兵制度，一向是顺民，但经过日本侵略的刺激之后，多数都能挺身抵抗，成为英勇的斗士。正式士兵的勇往直前，更是平民未曾腐化的明证。至于知识阶级，仍照旧是伪君子。少数的例外当然是有的，但一般的知识分子，在后方略受威胁时，能不增加社会秩序的混乱，已是很难得了。新君子也与旧君子同样地没有临难不苟的气魄。后方的情形一旦略为和缓，大家就又从事鸡虫之争；一个炸弹就又惊得都作鸟兽散。这是如何可耻的行径！但严格讲来，这并不是个人的错误，而是根本训练的不妥。未来的中国非恢复春秋以上文武兼备的理想不可。

征兵的必要，已为大家所公认，现在只有办理方法的问题。目前的情形，征兵偏重未受教育或只受低级教育的人，而对知识较高的人几乎一致免役。这在今日受高深教育的人太少的情况之下，虽或勉强有情可原，但这绝非长久的办法。将来知识分子不只不当免役，并且是绝对不可免役的。民众的力量无论如何伟大，社会文化的风气却大半是少数领导分子所造成的。中国文化若要健全，征兵则当然势在必行，但伪君子阶级也必须消灭。凡在社会占有地位的人，必须都是文武兼备、名副其实的真君子。非等此点达到，传统社会的虚伪污浊不能洗清。

一九三九年一月二二日

中外的春秋时代

（一）

春秋时代，在任何高等文化的发展上，都可说是最美满的阶段。它的背景是封建，它的前途是战国。它仍保有封建时代的侠义与礼数，但已磨掉封建的混乱与不安；它已具有战国时代的齐整与秩序，但尚未染有战国的紧张与残酷。人世间并没有完全合乎理想的生活方式与文化形态，但在人力可能达到的境界中，春秋时代可说是与此种理想最为相近的。

春秋背景的封建时代，是文化发展上的第一个大阶段。由制度方面言，封建时代有三种特征。第一，政治的主权是分化的。在整个的文化区域之上，有一个最高的政治元首，称王（如中国的殷周），或称皇帝（如欧西的所谓中古时代）。但这个元首并不能统治天下的土地与人民，虽然大家在理论上或者承认"普天之下，莫非王土；率土之滨，莫非王臣"。他所直辖的，只有天下土地一小部分的王畿，并且在王畿之内，也有许多卿大夫的采邑维持半独立的状态。至于天下大部的土地，都分封给许多诸侯，诸侯实际各自为政，只在理论上附属于帝王。但诸侯在封疆之内也没有支配一切的权力，他只自留国土的一小部分，大部土地要封与许多卿大夫，分别治理。卿大夫在自己的采邑之上，也非绝对的主人，采邑的大部又要分散于一批家臣的手中。家臣又可有再小的家臣。以此类推，在理论上，封建贵族的等级可以多至无限，政治的主权也可一层一层的分化，以至无穷。实际的人生虽然不似数学的理论，但封建政治之与"近代国家"正正相反，是非常显明的事实。

封建时代的第二个特征，是社会阶级的法定地位。人类自有史以来，最少自新石器时代的晚期以来，阶级的分别是一个永恒的事实。但大半的时期，这种阶级的分别只是实际的，而不是法律所承认并且清清楚楚规定的。只有在封建时代，每个人在社会的地位、等级、业务、权利、责任，是由公认的法则所分派的。

封建时代的第三个特征是经济的，就是所有的土地都是采邑，而非私产。自由买卖，最少在理论上不可能，实际上也是不多见的。所有的土地都是一层一层的向下分封，分封的土地就是采邑。土地最后的用处，当然是粮食的生产。生产粮食是庶民农夫的责任，各级的贵族，由帝王以及极其微贱的小士族，都把他们直接支配的一部土地，分给农夫耕种。由这种农业经济的立场看，土地称为井田（中国）或佃庄（欧西）。此中也有"封"的意味，绝无自由买卖的办法，井田可说是一种授给农夫的"采"，不过在当时"封"或"采"一类的名词只应用于贵族间的关系上，对平民不肯援用此种高尚的文字而已。

总括一句：封建时代没有统一的国家，没有自由流动的社会，没有自然流通的经济。当时的政治与文化，都以贵族为中心。贵族渐渐由原始的状态建起一种豪侠的精神与义气的理想，一般的赳赳武夫渐渐为斯文礼仪的制度所克服，成了文武兼备的君子。但在这种发育滋长的过程中，政治社会的各方面是不免混乱的，小规模的战事甚为普遍，一般人的生活时常处在不安的状态中。

封建时代，普通约有五六百年。封建的晚期，当初本不太强的帝王渐渐全成傀儡，把原有的一点权力也大部丧失。各国内部的卿大夫以及各级的小贵族也趋于失败。夺上御下，占尽一切利益的，是中间的一级，就是诸侯（中国）或国王（欧西）。最后他们各把封疆之内完全统一，使全体的贵族都听他们指挥，同时他们自己却完全脱离了天下共主的羁绊。列国的局面成立了，这就是春秋时代。

（二）

主权分化的现象，到春秋时代已不存在。整个的天下虽未统一，但列国的内部却是主权集中的。社会中的士庶之分，在理论上仍然维持，在政治各部辅助国君的也以贵族居多。但实际平民升为贵族已非不可能，并且也不太难。在经济方面，井田的制度也未正式推翻，但自由买卖的风气已相当的流行。各国内部既已统一，小的纷乱当然减少到最低的限度；至此只有国际间的战争，而少见封建时代普遍流行的地方战乱。真正的外交，也创始于此时。贵族的侠义精神与礼节仪式发展到最高的程度。在不与国家的利益冲突的条件之下（有时即或小有冲突，也不要紧），他们对待国界之外的人也是尽量的有义有礼。国际的战争，大致仍很公开，以正面的冲突为主，奇谋诡计是例外的情形。先要定期请战，就是后世所谓"下战书"，就是欧西所谓宣战。"不宣而战"是战国时代的现象，春秋时代绝不如此无礼。晋楚战于城濮，楚帅成得臣向晋请战："请与君之士戏，君冯轼而观之，得臣与寓目焉。"这几句话，说得如何的委曲婉转！晋文公派人回答说："寡君闻命矣……敢烦大夫谓二三子，戒尔车乘，敬尔君事，诘朝请见。"答辞也可说与请战辞针锋相对。

战争开始之前，双方都先排列阵势，然后方才开战，正如足球戏的预先安排队形一样。有的人甚至宁可自己吃亏，也不攻击阵势未就的敌人。宋襄公与楚战于泓水，宋人已成列，楚人尚未渡水。有人劝襄公乘楚人半渡而突击敌军，宋君不肯。楚军渡水，阵势未成又有人劝他利用机会，他仍拒绝。最后宋军战败，襄公自己也受了伤，并且后来因伤致死。这虽是一个极端的例，但却可代表春秋时代的侠义精神，与战国时代惟利是图的风气大异其趣。

春秋时代的战争，死伤并不甚多，战场之上也有许多的礼数。例如晋楚战于邲，晋人败逃，楚人随后追逐。晋军中一辆战车忽然停滞不动。后随的楚车并不利用机会去擒俘，反指教晋人如何修理军辆，以便前进。修好之后，楚人又迫，终于让晋军逃掉！

虽在酣战之中，若见对方的国君，也当在环境许可的范围内恭行臣礼。晋楚战于鄢陵，晋将却至三见楚王，每见必下车，免首胄而急走以示敬。楚王于战事仍然进行之中，派人到晋军去慰劳，却至如此不厌再三的行礼。却至与楚使客气了半天，使臣才又回楚军。在同一的战役中，晋栾鍼看见楚令尹子重的旌旗，就派人过去送饮水，以示敬意。子重接饮之后，送晋使回军，然后又击鼓前进。两次所派到对方的都是"行人"，正式的外交使臣，行人的身命在任何情形下都是神圣不可侵犯的。

欧西的春秋时代，就是宗教改革与法国革命间的三个世纪，普通称为旧制度时代。欧西人对于利益比较看重，没有宋襄公一类的人，但封建时代的礼仪侠气也仍然维持。例如当时凡是两国交兵，除当然经过宣战的手续与列阵的仪式之外，阵成之后，两方的主帅往往要到前线会面，互示敬意，说许多的客套话，最后互请先行开火。过意不去的一方，只得先动手，然后对方才开始还击。到法国革命之后，就绝不再见此种不可想像的傻事了！

除较严重的战争场合外，一般士君子的日常生活也都以礼为规范。不只平等的交际如此，连国君之尊，对待臣下也要从礼。例如臣见君行礼，君也要还礼，不似后世专制皇帝的呆坐不动而受臣民的伏拜。大臣若犯重罪，当然有国法去追究。但在应对之间，若小有过失，或犯了其他不太严重的错误，国君往往只当未见未闻。路易第十四世，是欧西春秋时代的典型国君。他的最高欲望，就是作整个法国甚至整个欧洲最理想的君子。有一次一位大臣当面失态，使路易几至怒不可遏。但他仍压抑心中的怒火，走到窗前，把手中的杖掷之户外，回来说："先生，我本想用杖打你的！"

英国伊利沙伯女王的名臣腓力·西德尼爵士是当时的典型君子。举止行动，言谈应对，对上对下，事君交友，一切无不中节。男子对他无不钦羡，女子见他无不欲死。他的声名不只传遍英国，甚至也广播欧陆。最后他在大陆的战场上身受重伤。临死之际，旁边有人递送一瓶饮水到他口边。他方勉强抬头就饮，忽见不远之处卧着一个垂死的敌人，于是就不肯饮水，将瓶推向敌人说："他比我的需要还大。"一个人真正的风格气度，到危难临头时必要表现，弥留之顷尤其是丝毫假不得的。"人之将死其言也善"，是指罪孽深重临死忏悔者而言，那只是虚弱的表示，并非真情的流露。至人临死，并无特别"善"的需要，只是"真"而已。世俗之见，固然可看西德尼的举动为一件"善"事，但那是对他人格的莫大误解，他那行为是超善恶的，他绝无故意行"善"的心思。与他平日的各种举动一样，那只是他人格自

发的"真",与弱者临危的"善"相差不可以道里计。后代时过境迁,
对前代多不能同情的了解,春秋时代的理想人格是最易被后代视为虚
伪造作的。当然任何时代都有伪君子,但相当大的一部分的春秋君子
是真正的默化于当代的理想中。

(三)

　　我们举例比较,都限于中国与欧西,因为这两个文化可供比较之
处特别的多,同时关于它们的春秋时代,史料也比较完备。此外唯一
文献尚属可观的高等文化,就是古代的希腊罗马。希腊文化的春秋时
代,是纪元前六五〇年左右到亚历山大崛起的三百年间。当时的历史
重心仍在希腊半岛,雅典与斯巴达的争雄是历史的推动力,正如中国
的晋楚争盟或欧西的英法争霸一样。当时的希腊也有种种春秋式的礼
制,凡读希罗多德的历史的人都可知道。侠义的精神,尤其是大国对
大国,是很显著的。雅典与斯巴达时断时续的打了四十年的大战之
后,雅典一败涂地,当时有人劝斯巴达把雅典彻底毁灭。但斯巴达坚
决拒绝,认为这是一种亵渎神明的主张。柏拉图与亚里斯多德的哲学
使命,都在斯巴达侠义的一念之下,日后得有发扬的机会。

　　上列的一切,所表现的都是一种稳定安详的状态。春秋时代的确
是稳定安详的。封建时代,难免混乱;战国时代,过度紧张。春秋时
代,这两种现象都能避免。国际之间,普通都以维持均势为最后的目
标,没有人想要并吞天下。战争也都是维持均势的战争,歼灭战的观

念是战国时代的产物。在此种比较安稳的精神之下，一切的生活就自然呈现一种悠闲的仪态，由谈话到战争，都可依礼进行。

但历史上的任何阶段，尤其是比较美满的阶段，都是不能持久的。春秋时代最多不过三百年。中国由吴越战争起，欧西由法国革命起，开始进入战国。贵族阶级被推翻，贵族所代表的制度与风气也大半消灭。在最初的一百年间，中国由吴越战争到商鞅变法，欧西由法国革命到第一次大战，还略微保留一点春秋时代的余味。但那只是大风暴雨前骗人的平静，多数的人仍沉湎于美梦未醒的境界时，残酷的、无情的歼灭战，闪电战，不宣而战的战争，灭国有如摘瓜的战争，坑降卒四十万的战争，马其诺防军前部被虏的战争，就突然间出现于傍徨无措的人类之前了。

附　录

古代的战争规则和侠义精神

王以欣

雷海宗先生曾对中国春秋时代的战争规则和侠义精神做出精辟分析：这是一个重礼仪、讲信义的时代，"真正的外交"即始于此。国与国之间的战争以正面冲突为主，奇谋诡计是例外的情形。战前必须下战书，"不宣而战"是战国时代的现象，春秋时代绝不如此无礼。他以宋楚泓水之战为例，说明当时的战争规则和侠义精神，这种规则大致如下：

战争开始之前，双方都先排列阵势，然后方才开战，正如足球戏的预先安排队形一样。有的人甚至宁可自己吃亏，也不攻击阵势未就的敌人。①

雷先生遵循斯本格勒的文化形态史观，认为古希腊的春秋时代是公元前 650 年前后至亚历山大大帝崛起的三百年间。他指出：

> 当时的希腊也有种种春秋式的礼制，凡读希罗多德的历史的人都可知道。侠义的精神，尤其是大国对大国，是很显著的。②

雷海宗先生的论述对我们研究古代军事史是很有启发意义的。我曾注意到古代作家描述的一些著名战役，其中的某些细节透露出古代战争规则和侠义精神的冰山一角。我首先从亚历山大大帝东征印度时进行的一场著名战役——许达斯佩斯河战役说起：③

公元前 326 年，马其顿军队抵达印度河上游许达斯佩斯河的北岸。时值盛夏，水位高涨，印度波鲁斯王国的大军在河对岸严阵以待，双方形成隔河对峙局面。马其顿方面的粮草和军需物资源源不断地运来，给对岸印军一种错觉，即马其顿打算长期驻守对岸，等到冬季水位降低再强渡进攻。然而，在一个风雨交加、雷鸣电闪的夜晚，

---

① 雷海宗：《中外的春秋时代》，《伯伦史学集》，中华书局 2002 年版，第 219 页。

② 雷海宗：《中外的春秋时代》，《伯伦史学集》第 222 页。

③ 阿里安：《亚历山大远征记》（Arrian, *Anabasis Alexandri*）5.8～19；中译本（李活译），商务印书馆 985 年版，第 167～178 页。

马其顿军在远离营寨的上游某地出其不意地渡过湍急的河流。印军统帅波鲁斯闻探马报敌军偷渡，急令其子率骑兵和战车兵前往渡河地点阻击，自己则亲率大军接应。

亚历山大大帝成功渡河后，立即调整队形，骑兵在前，步兵方阵在后，沿河岸杀奔印军大营，中途击溃前来堵截的印度战车兵，然后继续全速行军。因骑兵速度快捷，步兵被远远甩在后面。波鲁斯则选择地势平坦的地方部署印军，将二百头战象并排置于前列，步兵在后，两翼为骑兵，以逸待劳，等待马其顿军队的到来。波鲁斯相信大象能有效阻遏马其顿人，后者的骑兵没有受过和象军作战的训练，马遇到大象会受惊的。

按史家阿里安的叙述，亚历山大率领的骑兵先期抵达后，看到对方已把大象布于阵前，自知骑兵不是大象对手，遂下令骑兵停下来，等待后面的步兵；当气喘嘘嘘的步兵赶上后，他又让疲惫的步兵稍事休息，等待战斗力恢复后再布阵。奇怪的是，波鲁斯坐视马其顿军在前方调整、休息、布阵，却无所作为。等马其顿军部署完毕，在亚历山大的巧妙指挥下，经过一场激烈鏖战，印军被击溃，波鲁斯被俘。阿里安没有讲波鲁斯在大战前瞬间的战术考虑，历史学家们也常常忽视这些细节。让我感到奇怪的是，为什么波鲁斯不乘敌人骑兵先至，步兵未到，立足未稳之机出击；此良机错过后，仍有一个进攻机会，那就是乘敌人恢复疲劳，尚未布阵时出击，但波鲁斯依然消极等待，眼睁睁地坐失良机。等敌人做出有针对性的部署并主动出击后，印军最终战败，自己也沦为俘虏。这和宋楚泓水之战何其酷似：楚军渡水时不击，渡水后队形混乱时不击，所谓"不鼓不成列"，宋襄公何其愚也！但他却是春秋时代的君子典范。

这是个被历史学家忽视的情节，少有评述，但考虑到雷海宗先生的提示，考虑到古代的战争规则和侠义精神，波鲁斯的做法就不难理解了。他可能本来就没有率先进攻的打算，因而摆出防守队形；他可能想等待敌人汇集好后再一举歼之；或因不知对方虚实而不敢贸然进攻。然而，一位有经验的军事领袖能根据战场的形势而随机应变，就像亚历山大看到敌人的象军后立刻停止前进，紧急调整部署那样。波鲁斯的谋士也不会不给他指出战机，但他却没有抓住，宁肯错过，或心甘情愿地错过，因为正规的战争是要摆开阵势后才开战的，乘人之危是不义的，不符合战争规则，而且胜之不武。这位傻得可爱的印度武士于是耐心等待，最后吃了大亏，自己也沦为俘虏。但亚历山大很欣赏他，待之以国王之礼，让他继续治理自己的王国。波鲁斯也以德报德，忠实履行其藩臣的义务。亚历山大这样对待一个战俘，一方面如阿里安所说的，是欣赏他"魁伟的身材"和"英俊的外表"，以及"战争中表现得极其伟大和勇敢"，没有像波斯王大流士三世那样临阵脱逃；另一方面也有政治方面的怀柔动机。我想可能还有其他原因，那就是欣赏他的侠义和武德。

亚历山大善待波鲁斯，除了政治方面的考量，也是出于一种侠义行为。他本人也是武士，讲究武德。他尊重保护大流士的家眷，尊重妇女，以太后之礼对待大流士的母亲，有如自己的亲生母亲；他不计前仇，抚养中亚的抵抗领袖斯皮塔门尼斯的遗孤；他优礼相待大夏酋长的女眷，感动得酋长倾心归附，并把女儿下嫁给他。他是伟大的政治家，善于使用怀柔政策，同时也是伟大的武士，有骑士风范和胸怀。他很尊重古代通行的战争规则，不愿靠"奇谋诡计"取胜，例如，高加美拉大战的前夜，有谋士建议亚历山大夜袭波斯大营，亚历山大予以拒绝，因为"偷来的胜利是不光彩的"；他要光明正大地和敌手较量。他的举动有其谨慎的战术考虑，但讲出的理由是冠冕堂皇的；那就是要奉行大国间的战争规则，在正规战场上取胜，否则胜之不武。①

中国的春秋时代有二套武士作战原则，虽然迂腐，却为宋襄公那样的正人君子所秉承，如"君子不重伤，不禽二毛"（有道德的武士对已经受伤的敌人不再加伤害，不擒获老年人）；"古之为军也，不以阻隘也"（古代作战，不陷敌于险隘之地）；"不鼓不成列"（不击鼓进攻未排列成阵的敌人）等。② 这些原则也是古代印度武士所遵循的武德，如婆罗门教的法典《摩奴法典》所规定的武士作战规则：战争时不应使用"奸诈的兵器"；乘车时不能打击徒步的敌人；不能打击处于弱势的人，如孱弱如女性的人、合掌求饶的人、白发苍苍的老人、坐在地上的人（放弃抵抗的人）和自称俘虏的人。不应攻击睡眠中的、无甲胄的、裸体的、解除武装的、旁观的、与别人厮斗的、

① 阿里安：《亚历山大大远征记》3.9～10；中译本第92～94页。
② 《左传·僖公二十三年》。

武器损坏的、忧伤的、负重伤的、怯懦的、逃走的敌人。这些规定是"武士种姓无可非议的和首要的律法；刹帝利在战斗中杀敌时，决不可违反它"。① 在古印度史诗《摩诃婆罗多》中，般度族的勇士怖军和仇人难敌决斗时，用铁杵打断对手的胯骨，受到将士们的鄙夷，因为袭击腰以下部分是违反"公正交战规则"的。武士马勇为给难敌复仇，夜闯般度族大营屠杀睡眠中的战士，因而受到诅咒不能进入天国。受此种武士文化的熏陶，出现波鲁斯这样的人物也就不奇怪了。

现在转到古希腊，这里也有一套约定俗成的战争规则。历史学家希罗多德曾借波斯将领之口描述了希腊人的战争特点：

据我所知，由于希腊人的固执和愚蠢，他们的作战方法是最荒唐不过的。当他们互相宣战时，他们就来到他们所能找到的最好和最平坦的地方开战，以至于胜利者没有不遭受重创的，失败者更不用说，自然是全军覆没了。既然语言相通，他们本应靠传令官和信使来化解争端，靠战争之外的任何手段来解决纠纷；如果必须诉诸一战，他们也应各自找到最有利于自身防御的地方再尝试开战。②

---

① 《摩奴法典》第七卷第 90～93 条，98 条，中译本（马香雪从法文版转译），商务印书馆 1996 年版，第 153～154 页。

② 希罗多德：《历史》（Herodotus, *The Histories*）7，9.；参见中译本（王以铸译），商务印书馆 1985 年版，第 468 页。

　　这个有趣的描述，虽然是借一个波斯将领之口讲出，带有轻蔑意味，实际上却是史家希罗多德归纳的希腊人正规战争的一般特征：选择合适的战场，摆开阵势，派出传令官相互宣战，然后开打。这似乎是最正统的战争模式。古希腊的斯巴达人以骁勇善战出名，他们最擅长这种正统的战争。他们强大的军力主要依赖训练有素的重装步兵。斯巴达城邦没有设防的城池，他们的重装步兵就是保卫国家的城墙。他们擅长在平原地区以传统方式作战，不善于攻城。起义的美塞尼亚人占据伊托姆要塞（公元前 464 年），竟让斯巴达人连攻数年不下，其间不得不请善于攻城的雅典人提供援助。雅典拥有坚固的城墙和与港口相连的长城，斯巴达人虽然年年侵扰，却只能蹂躏阿提卡乡村，望城兴叹而已。斯巴达人围困普拉提埃城竟达两年之久，普拉提亚人是在绝粮情况下被迫投降的。

　　大国间的正规战争，交战双方一般要在截场上摆开阵势后决战。希腊人与波斯帝国的最大规模的陆战——普拉提埃战役就是这种正规战争的典型。公元前 479 年 8 月，波斯军队和希腊军队在中希腊彼奥提亚南部的普拉提亚平原会战。波斯人以逸待劳，在阿索普斯河北岸列出阵势，等待希腊人到来。希腊联军主要是南部伯罗奔尼撒半岛的三十多个城邦派遣的，他们出发的时间有先有后，因而是陆续抵达战场的。因担心波斯的骑兵优势，希腊人暂时驻扎在平原南部喀泰戎山麓，当集结足够兵力后才敢在阿索普斯河南岸摆开阵势。此后两军隔河对峙十数天，其间希腊人仍源源不断赶来，总共汇集达十一万之众。波斯统帅担心希腊人还会增多，才放弃防御策略，转为进攻。该战役以波斯方面的惨败告终。① 波斯方面的战略有让人费解之处：占据有利地形，拥有骑兵优势，却坐视敌方聚集力量而不发起总攻。但不管出于何种战术考虑，波斯人给了希腊人充分的时间去部署他们的阵地。

与今天的国际战争规则比较，古典时代希腊人的战争是残酷的。战争中破坏敌方的城市和乡村设施是合法的，入侵者一般都要烧毁田园屋舍，割走庄稼，给对方造成巨大的物质损失；对拒不投降的城市的处罚也常常是严酷的，男子被处死，妇女儿童没为奴隶。但即使如此，也要通过合法的司法审判程序。被攻陷城市人民的命运取决于战胜国公民大会具有法律性质的决议，或通过正式的司法审判。例如，雅典盟邦密提林暴动，雅典出兵围困该城达一年之久，密提林被迫乞降，投降条件是：雅典军队入城，密提林人派代表赴雅典申诉，听候雅典公民大会对密提林人命运的裁决。雅典人的公民大会在群情激奋中通过一个残暴的决议，判处全体密提林男子死刑，并派出一艘三列桨战舰将决议通知占领密提林城的雅典指挥官执行。第二天，多数雅典人为冲动之下通过的残暴决议感到后悔，密提林代表团遂哀请雅典当局重召公民大会再次讨论对密提林人的处罚。经过激烈辩论，雅典人决定收回成命，赦免普通的密提林人，只惩办暴动的首要分子，并派出一艘快舰追赶已派出的船只。密提林的代表们给水手提供酒和大麦，并许诺将来以重金酬谢。水手们

---

① 希罗多德：《历史》8. 13～70；中译本第 627～654 页。

不敢懈怠，昼夜兼程，终于将命令及时传递给密提林的雅典指挥官，避免了一场可悲的大屠杀。① 普拉提亚人被斯巴达人围困两年后被迫投降，但提出公正审判的要求。斯巴达人专门从国内请来五位法官组成法庭，并邀请底比斯人代表作为控方之一出席。控辩双方都充分陈述了各自的理由。最后，二百名普拉提亚人被判处死刑。② 作为战败国的雅典，其命运要幸运得多，斯巴达鉴于雅典在希波战争中的巨大贡献，力排众议，非常宽厚地赦免了雅典人。此事件被雷先生当做希腊春秋时代侠义精神的典型例证。③ 希腊化时期，希腊人的战争更趋人道，尤其体现在优待俘虏方面。

正如雷海宗先生所指出的，真正的外交始于中国的春秋时代。在古希腊的内外战争中，外交活动非常频繁且合乎礼法。外交手段用尽后才被迫诉诸军事解决。即使在战争期间，交战双方的传令官也能畅通无阻地互相传递信息。"两国相争，不斩来使"是各方都遵循的战争和外交通例。当然也有个别情况，如波斯国王大流士曾向希腊各邦派出使节，要求各邦献出象征投降的"土和水"。很多城邦慑于波斯淫威而照办，只有雅典和斯巴达出于义愤分别将使节投入坑里和井里。这种行为虽然可以理解，却被看做是一种遭神谴的罪行。按希罗多德的说法，这是雅典人的土地和城市后来遭到波斯人

---

① 修昔底德：《伯罗奔尼撒战争史》（Thucydides，*Historiy of the Peloponne-sian War*）3.27～28、3.36～49；中译本（谢德风译），商务印书馆 1960 年版，第 198～216 页。

② 修昔底德：《伯罗奔尼撒战争史》3.52～68；中译本第 216～230 页。

③ 《伯伦史学集》第 222 页。

蹂躏的原因之一。斯巴达人则因此冲动之举触怒神明而深感苦恼。
为平息神的怒气，两位斯巴达贵族自愿奔赴波斯首都苏撒，愿为遇
害的波斯使节偿命。波斯国王薛西斯则非常豁达大度地回复说，虽
然斯巴达人破坏了人类的法律而杀死来使，他却不愿意效仿斯巴达
人去做同样被指责的事情，也不想出于报复杀死他们，因而赦免了
斯巴达人。① 这个故事未必是史实，但从希腊历史家希罗多德的口
中讲出，反映了那个时代希腊人的道德意识，即杀害使节是一种罪
恶，要遭受神谴的，也反映出斯巴达人勇于悔过和承担责任的侠义
精神和责任感。

　　战争虽然以杀戮对手为目的，但也要讲人道，尊重古老的风俗，
也要显示出宽容的君子风范。希腊人在交战期间常常达成暂时的休战
协议，以便双方能从战场上领回阵亡将士的尸体送回本国安葬或就地
掩埋。在柏拉图的《理想国》中，苏格拉底提出更文明的规范：胜利
者可以从被击毙敌人的尸体上获取武器，但不应抢劫死者的财物，抢
劫死者是一种"卑鄙龌龊的行为"，应该禁止。② 在泛希腊的奥林匹
克赛会举办期间，希腊要停止一切战争行为，交战各国派出自己的运
动员，在和平友好的气氛中参赛。虽然在现实中很难完全做到，但却
是希腊人的共识和理想。在战斗中取得优势的一方也常常接受劣势一
方的和平或休战要求，不把人逼人绝境，颇有"穷寇莫追"的君子风

---

　　① 希罗多德：《历史》7. 133~137；中译本第 514~517 页。
　　② 柏拉图：《理想国》（Plato, *Politeia Civitas*）469C－E；中译本（郭斌和、
张竹明译），商务印书馆 1986 年版，第 208~209 页。

度（当然也有政治和战略方面的考虑）。例如 418 年夏季斯巴达同盟与阿尔哥斯的战争，当时阿尔哥斯的兵力处于劣势，处于被包围的状态，雅典派来的援军尚未赶到，形势紧迫，阿尔哥斯的将军于是向斯巴达国王阿基斯提出停战四个月的要求，阿基斯竟慨然允诺。阿基斯显然希望以此感化对方，不战而屈人之兵，和阿尔哥斯实现和解，但后者被雅典将军亚西比德鼓动，最终撕毁停战协议，导致战争再次爆发，最后以斯巴达的胜利告终。①

　　战争中的侠义精神在荷马史诗中非常生动地表现出来，而史诗是每个希腊人的精神食粮，对他们的荣誉观和伦理道德观有着潜移默化的影响。例如：希腊勇士狄奥墨德斯在特洛伊战场上遭遇吕西亚英雄格劳库斯，双方各报姓名和家世后，发现他们的祖先是世交，两勇士又惊又喜，于是跳下战车握手，交换铠甲。② 阿基里斯为给战友报仇，杀死特洛伊统帅赫克托耳，将后者的尸体拖在战车后面泄愤。然而，当赫克托耳的父亲普里阿姆冒着生命危险，深夜携带黄金前往阿基里斯大营，试图从仇人手中赎回爱子尸体。当老人抱着阿基里斯的双膝企求他慈悲为怀时，这位铁石心肠的希腊英雄被老人的父爱感动，想起自己年老的父亲，竟然流下英雄泪。他搀扶起老国王，好言安慰，答应满足老人的要求，还设宴款待。老人用餐后感到疲倦，想在阿基里斯军营留宿，阿基里斯更是殷勤伺候，并许诺在赫克托尔葬礼期间暂停进攻特洛伊。老国王在敌营安然入睡，幸亏赫耳墨斯神及

---

　　①　修昔底德：《伯罗奔尼撒战争史》5. 61. 1；中译本第 396～399 页。
　　②　荷马：《伊利亚特》（Homer, *Iliad*）6. 119～236。

时提醒他赶快离开，免得夜长梦多，老人才恍然大悟，匆忙乘车不辞
而去。①

　　在传说的古代战争中，决斗常常是解决冲突的捷径，体现着远古
时代战争方式的简单朴素和重信义的美德：特洛伊人和希腊人就曾试
图通过当事人的决斗解决拖延十年的战争，只是因为神明的故意破坏
才功亏一篑。② 赫拉克勒斯之子许罗斯率领盟军入侵伯罗奔尼撒，在
地峡处和阿特柔斯的军队相对峙。许罗斯提出以决斗方式解决争端，
得到对方响应。结果，许罗斯被阿卡狄亚人厄刻墨斯杀死，赫拉克勒
斯的子孙于是信守承诺，在五十年（或一百年）内不再尝试回归伯罗
奔尼撒。③ 当然，现实中的战争不是靠决斗解决的，而是靠实力决定
的。例如，安东尼穷途末路时曾向屋大维提出单独决斗的要求，得到
的只是嘲笑式的回答："安东尼想要死，办法有的是。"④

　　让我们回到古代的现实中，看看他们在战争和军事外交中所体现
出的友谊和侠义精神。我可以举出希腊人与波斯人之间的一段佳话。
伯罗奔尼撒战争后期，斯巴达在与雅典的战争中获得波斯方面的支
持。斯巴达海军统帅吕山德和负责小亚细亚军事的波斯王子小居鲁士
建立起牢固的个人友谊。他们都以自身的坦率、真诚和人格魅力吸引
着对方，因而彼此信任。两人在首次会面的宴会上就彼此好感，小居

---

　　① 荷马：《伊利亚特》24. 188～691。
　　② 荷马：《伊利亚特》3. 324～383、4. 85～168。
　　③ 希罗多德：《历史》9. 26. 2～4；中译本第 633～634 页；狄奥多罗斯·西
库罗斯：《历史文库》(Diodorus Siculus, *Library*) 4. 57. 2～4. 58. 4。
　　④ 普鲁塔克：《安东尼传》(Plutarch, *Antony*), 75. 1。

鲁士表示愿意满足吕山德提出的任何要求。吕山德没有乘机提出任何
个人要求，只要求居鲁士给斯巴达舰队的每位水手再增加一奥伯尔白
银的薪金，使小居鲁士更钦佩其人格。吕山德卸任后，在小居鲁士的
一再要求下，斯巴达政府破例让吕山德复出。吕山德就任后再次赴撒
尔迪斯拜谒小居鲁士，适逢后者要回苏撒觐见病危的父王。临行前，
小居鲁士慷慨地赠送给吕山德一笔可观的现金作为军费，并许诺返回
后还要提供更丰厚的捐赠，必要时他愿意倾其所有帮助朋友，包括自
己的黄金宝座。他还把自己辖区的行政管理权和税收权交给吕山德掌
管，并希望朋友不要急于和雅典海上决战，他回来时会带来更多的腓
尼基人和西里西亚人的舰队来帮助他。将自己的辖区暂时交给一个外
国人管理；足见他们的友谊和信任达到何种程度。① 小居鲁士的慷慨
豪侠赢得很多希腊人的好感，他们追随这位波斯王子赴帝国内地与其
兄长争夺帝国王位。这些人当中就有希腊的历史学家色诺芬。

最后我讲述一段故事，见载于色诺芬的《希腊史》，说明古代战
争中的侠义精神。伯罗奔尼撒战争结束后，波斯与斯巴达的蜜月期终
结。当波斯要求恢复对小亚西海岸希腊城邦的统治权时，斯巴达作为
希腊世界的领袖不能袖手旁观，只好向波斯帝国宣战。战场在小亚细
亚西部进行。公元前 396 年，踌躇满志的斯巴达国王阿格西劳斯负责
小亚战事，打得十分顺手。他蹂躏了波斯总督法尔那巴祖斯管辖的赫
勒斯滂地区的弗里吉亚行省（小亚西北），使战火一直烧到首府达斯库

① 普鲁塔克：《吕山德传》（Plutarch, *Lysander*）4. 1～4、9. 1～2。

里昂的城墙边，连法尔那巴祖斯巡行辖区的车驾都被斯巴达人掳去。然而，斯巴达人的这次占领却在其国王和波斯总督之间的一次戏剧性会面后结束了。阿格西劳斯首先抵达会面地点，和他的同伴们坐在草地上等待。一会儿，法尔那巴祖斯盛装前来赴约，他的仆人在草地上铺上华贵的席子，但法尔那巴祖斯看到斯巴达人那样朴素，就不好意思地径直走向阿格西劳斯，在他身旁坐下，相互问候，友好地握手。法尔那巴祖斯说："阿格西劳斯和所有在座的拉西第梦人，当年贵国和雅典人交战时，我是你们的朋友，不仅提供金钱使你们的舰队强大，而且骑在马背上和你们并肩战斗把你们的敌人赶到海中……我对你们是够朋友的。但您却让我陷入如此窘境，使我在自己的辖区竟然吃不上一顿像样的饭，只能像野兽那样拣些你们剩下的残羹冷炙。我父亲留给我的美丽住宅被你们付之一炬，野兽出没、林木葱郁的花园被你们砍伐一空。如果是我分不清是非曲直，那么请您教我，这是知恩图报者应该做的吗？"法尔那巴祖斯的一席话让三十位斯巴达人面有愧色，沉默不语。阿格西劳斯终于发话："法尔那巴祖斯，我想您是知道的，希腊各国的人们也能彼此为友。但当他们的国家发生战争时，他们就要为各自的祖国和以前的朋友作战，而且如果特别凑巧的话，有时甚至会彼此杀死对方。我们今天的状况就是这样，因为与您的国王作战，我们只好把他的一切都视为敌人。然而，对于阁下，能够成为您的朋友是我们最为珍视的。"他转而委婉地奉劝法尔那巴祖斯放弃对波斯国王的效忠，和斯巴达人结为盟友，共同奋斗，做个既富有又自由的人。法尔那巴祖斯回答说："如果国王另派督抚而让我充其下属，我会选择做您的盟友，但国王将如此重要的指挥权付托给我，我敢不尽全力和您作战吗？"阿格西劳斯闻言握住他的手说："高贵的阁下，有您这种精神境界的人会和我们成为朋友的！至少有一点我可以向您保证，我要尽快离开您的辖地。将来，如果战争持续下去，只要我们能进攻别的人，我们就不会骚扰您和您的辖地。"双方就此道别，法尔那巴祖斯蹬鞍上马离去，但总督的儿子却跑到阿格西劳斯面前说："阿格西劳斯，我交你这个朋友。""我接受你的友谊。"阿格西劳斯回答年轻人。小伙子随即将一把精致的标枪送给阿格西劳斯，后者顺手从扈从的马颈上取下一个饰物赠给这位青年。这段忘年之交还真结下了果实。后来这位波斯年轻人在父亲死后被兄弟们逐出领地，跑到希腊投奔阿格西劳斯，受到后者的保护和关爱。①

我们不必把上古时代的战争过分理想化，虽然战争双方遵循某些国际规则和道德规范，但战争总是以战胜对方为目的。在实际战争中，军事家总会根据实际情况灵活处理，那种宋襄公式的僵化刻板只是极端的例子。战争并不总是在平原地区摆好阵势后决战，而是呈现多样的形式，如攻城战、海战、奇袭等。战争也有不宣而战的，如雅典和埃金娜岛之间的"不宣而战的战争"。奇谋诡计则是经常使用的，在神话中有"木马计"，在现实中更是屡见不鲜，如伯罗奔尼撒战争的导火索之一，公元前 431 年春季发生的"普拉提亚事件"，就是一次典型的偷袭，只是没有成功而已。② 未经正常审判对俘虏进行大屠

---

① 色诺芬：《希腊史》（Xenophon, *Hellenica*）4. 1. 29～40。
② 修昔底德：《伯罗奔尼撒战争史》2. 2. 1～3. 1；中译本第 106～108 页。

杀也时有所见，如叙拉古人屠杀七千雅典战俘、亚历山大对忒拜的大屠杀等。侠义精神虽然值得称赞，但背信弃义亦不乏见，而且侠义精神不可能超越国家和民族利益，否则就会失去其道德基础。吕山德和小居鲁士、阿格西劳斯和法尔那巴祖斯的佳话都有大国外交的背景。他们都是各为其主，在捍卫国家利益的前提下，显示出某种道德信义。然而，古代的"春秋时代"毕竟是人类成熟过程中一个难得的不可复返的质朴阶段，现代人可以从中获得很多道德和精神上的力量，有助于净化被物欲和私利污染的心灵。

从"无兵的文化"到"竞逐富强"

——从雷海宗先生《中国文化与中国的兵》谈起

陈晓律

在海湾传来的隆隆炮声中，重新阅读雷海宗先生的《中国文化与中国的兵》一书，难免会有很多想法。雷先生是中国近现代史上十分著名的富有思想的史学家，在有关中国文化与中国积弱的根源分析方面，他在半个多世纪以前出版的《中国文化与中国的兵》一书（商务印书馆 2001 年版，以下简称雷书），极富见地。尽管吴相先生认为成书难免有些仓促和粗疏，且此书作于半个世纪前，不乏通常所说的"局限性"（见《读书》1992 年第 8 期），但我认为，其分析之深刻，笔力之犀利，观点之独到，用心之良苦，对东西方社会和文明的知识之渊博，给人的震撼力仍然不是时下一些使用了大量现代术语的文章可以相提并论的。

雷先生认为，中国文化头绪纷繁，绝非一人能彻底解明，他的文字能使国人对于传统的中国多一分的明了，他的目的就算达到。为此目的，在对中华文化进行诠释的过程中，他采取了一个十分独到的视角，即从"兵"入手，对传统中国之所以积弱的原因进行了由浅入深的分析。

"兵者，国之大事，死生之地，存亡之道，不可不察也"。在某种意义上，"兵"是一个国家的脊梁，没有兵，一个民族大概早已灭绝，不可能在当今之世生存。因此，每一个延续至今的民族，都不可能没有自己的兵，甚至也不可能没有一支毫无战斗力的军队，否则也就如同在历史上消失的很多民族那样，人们只能在考古遗址和史书记载中去"发现"他们了。中国的兵是每一个中国人都十分熟悉的群体和"职业"，至少在1949年以前，兵的名声并不怎么样。兵祸、兵匪一家等人们熟悉的话语，证明"兵"在中国文化中的色彩十分灰暗。而史书中各种"兵荒马乱"的记载，更使人们加深了这种印象。

但是，雷先生认为，中国历史上的兵并不历来如此。在春秋之前，中国兵的来源是十分高贵的，即只有士族，也就是有地位的贵族，才有资格当兵，从事军事和战争的行动，打仗是贵族的职业。结果是，贵族男子都以当兵为荣，为乐趣，不能当兵是莫大的耻辱。遇有战事，国君往往亲自出战，整个社会弥漫着一种雄奇壮烈的阳刚之气。在整部《左传》中，找不到一个因胆怯而临阵脱逃的人。即便孔子也知武事。"钓而不纲，弋不射宿"，可见孔子也不是后世的白面书生。在讲君子戒斗之时，显然也意味着君子有"斗"的技艺和勇气，而绝非后世的文人只会打笔墨官司（雷书第 4～7 页）。

　　不过这种"好兵"之传统没有在中国历史上延续下来。随着战国时期传统的贵族社会的解体，原贵族社会文武两兼的教育制度无形破裂，所有的人现在都必须依靠自己的努力和运气去谋求政治上和社会上的优越地位，一是上等阶级的文武分离开始出现，文人宣扬和平主义；另一些人则成为不问政治，没有固定见解，只凭义气用事的"侠士"。张仪等依靠三寸不烂之舌牟取高位的典型文人与荆轲等专习武技的侠士就是两个极端的代表。这些人虽然学了旧贵族的武艺和外表精神，但实质已经发生改变。旧贵族用他们的才能去维护一种制度，所以并不滥用自己的才能，而新的侠士并无固定主张，谁出高价就为谁卖命，"文人"的情况也大体如此。君主则利用这些无固定主张的人去实现君主自己的目标——统一天下。当然，这时的兵依然十分重要，由于战争连绵不断，各国的成年男子几乎全部有当兵的义务，也使得战争分外惨烈（雷书 8～10 页）。最终，天下成为一个人——皇帝的天下，所有财产均为一个人的私产，阶级的政治转变成为一个人的政治；而愿意为原来的共同体——国家而当兵的人逐渐消失，爱国主义失去了依托，皇帝只好雇佣流氓、囚犯，到最后只能靠招募少数民族的人来当兵，一般百姓便自然产生了"好男不当兵"的看法。这种无兵文化的形成，成为中国以后日益积弱，屡受外族欺负的重要原因。一些中国史学者也认为，自公元 1000 年后，汉族在军事上就一直处于弱势，而原来地处边缘的少数民族则往往充当了进攻性军事行动的主角。

当中国的"好兵"文化逐渐式微时，西方的军事传统与军事技艺却从未失去它的基本依托。有趣的是，东西方历史上的实际军事较量，很长时期却是东方占优。西方的记忆中，不是亚历山大对亚洲的征服，而是匈奴和蒙古骑兵对欧洲肆无忌惮的掠夺，"黄祸"之说大概也由此找到了根据。然而，通过表象，我们却不难发现，东西方对"兵文化"的态度至少在秦汉以后产生了很大的分歧。相对东方而言，战争一直被西方认为是"最高尚的艺术"（〔美〕盖文•肯尼迪：《国防经济学》，1986 年 7 月第一版，第 2 页），作为战争承载体的军队和士兵，其地位从来都比中国的兵高得多，并最终影响了两种不同文化在近代以来的命运。

麦尼尔的《竞逐富强》（学林出版社 1996 年版，以下简称麦书）一书，作为与《中国的文化与中国的兵》大致对应的西方版本，对此作了很好的注释。麦尼尔认为，欧洲的长期分裂造成剧烈的军事和政治竞争，由此产生的巨大压力迫使各国必须变革以求生存，从而为军事体制（包括武器和军队组织）的改进和资本主义的发展提供了自然环境。但麦尼尔认为：西方的兴起，最关键的一点是在"富"与"强"之间寻找到了一个密不可分的联系。用他的话说，"市场化的资源调动缓慢地发展，逐渐证明它比指令能更有效地把人的努力融成一体"，因此，"到 16 世纪，甚至欧洲最强大的指令结构在组织军事和其他主要事业时，也要依赖国际货币和信贷市场"，以商业为基础的荷兰之所以成功，以帝国结构为基础的西班牙之所以失败，就是明证。在18、19世纪，大英帝国的成功和同样优秀的法国之所以失败，关键也基本相同：以海军和海外贸易为本的英国始终严格遵从市场原则，所以能够凭借英伦银行建立牢固的信贷机制，并通过全球性的经济网络来为战争调动资源；至于以陆军和大陆官僚架构为主的法国，则始终未能完全摆脱指令经济的干扰，因此动员力量相对减弱许多（麦书序第2～3页）。

所以，通过市场这只无形的手，为发展先进的武备提供了庞大的资金和技术力量，另一方面，军备提供的强大武力，以及战争的巨大消耗，又反过来保证和加速了资本主义的发展，两者之间形成相互加强的正反馈循环。因此，军备和战争是资本主义发展的主要机制。所以，他把自己的书界定为："试图弥合分隔军事史和经济史以及编史工作的鸿沟"，是再恰当不过了。亚当·斯密就认为，一个文明国家要保卫自己的国防，它们必须建立并维持一支常备军。"由于富足、文明的国家能最好的维持这样的军队，因而，仅仅依靠它就能保卫国家免受贫穷、野蛮邻国的侵略。只有建立起这样一支常备军，这个国家的文明才能经久不衰，甚至与世长存。"（斯密：《国富论》下卷）

然而，在中国历史上，富足和文明的朝代却并不意味着能够维持一支强大的军队，反而因为自己的富足引来其他游牧民族的掠夺，宋朝就是一个典型的例子。麦尼尔认为，尽管中国宋代的市场经济已经很发达，市场原则在社会生活中占据着重要地位，并部分地影响了政府行为，但始终处于中央集权性质的指令性结构严密控制之下。换言之，中国社会的指令性结构从未受到过真正的挑战。接着，麦尼尔引出最重要的结论：市场原则突破君权和指令性社会结构并凌驾其二者之上，是西方近代军事力量强盛的最关键因素；中国之所以从明代逐渐落后，关键在于市场原则始终没能摆脱以皇权为标志、以中央集权体制为核心的指令性社会结构的控制。

麦尼尔的观点确有一种独到的深刻性，使我们对西方近代以来的兴盛有了一种全新的认识。但兴奋回味之余，却渐渐地使人感到某种若有所失。因方，麦尼尔过于"唯物主义"，过于重视客观的条件，对"软件"并没有给予足够的关注，所以他没有从东西方"兵文化"的角度对"富与强"的关系进行论证，而十分明显的是，一支能征善战的军队并不是只要有钱就可以建立起来的。历史告诉我们，一些能打的军队，其物质环境往往并不优越，在工业革命前尤其如此。我们凭常识也能体会到，一个仅有市场原则的民族未必能够兴旺发达，且不说阿拉伯人本就善于经商，就是古代的罗马人也不比希腊人更善于运用市场原则。进一步分析，市场原则与公民义务、权利等种种国内的体制有关，也绝不仅仅是市场本身的问题。换言之，市场原则能够得到尊重，必须有相应的制度保障，而这种制度保障的建立，比市场本身的发展要困难得多。所以，即便是在西方，其实也只有西欧一隅的几个国家，得益于种种有利的外部因素，才在近代以来的一系列经济、政治和社会变迁中脱颖而出，而其关键，在于这些国家都较为顺利地率先形成了一定程度的公民权利保障制度（民主制度）。

在一个弱肉强食的世界里，要保障个人权利，发展出一整套规范的民主制度和权力机构的相互制衡，应该有一些基本的条件。有了这些基本条件当然不一定就能发展出理想的民主体系，但没有这样一些基本的条件，民主体系的建立显然要困难得多。这些条件中最重要的或许最基本的，应该是一个民族必须有一个适度的生存环境，而且这个环境不会随时受到他人随意的掠夺或干扰。就我们对西方历史的肤浅了解，至少有这样一些印象：自古希腊以来，各种强大民族的兴起与商业贸易、海外殖民、军事扩张、争夺制海权、强权称霸是密不可分的，强大与称霸几乎是同义词。在这样一个你争我夺的世界中，多种权力中心的存在或许有利于发展出一种多元化的文明，但这种文明未必就一定是一种民主化的文明，而首先是一种以实力为基础的生存文明。即便在世界进入工业文明时代以后，欧洲的各个民族，首先要解决的依然还是自己的生存问题，即自己在这个文明的世界里是否有立足之地。没有立足之地，就只能任人宰割，任人处置，哪里有资格去奢谈建立市场秩序和以保障个人权利为宗旨的民主制度呢？

不错，这种多元化的格局的确给一些民族提供了发展出现代英美式民主的契机，但能抓住这种机遇成就一种民主制度也是一个十分艰难而漫长的过程，从实际的结果看，最终也只有英国成功了。英国是一个岛国，它既能受到欧洲大陆文明进步的影响，又不至于随时受到大陆强权的直接控制。这种优越的地理位置给英国式民主的发展提供了一个独特的基础。欧洲大陆各国为了自身的安全或是生存，各个领主和君主都必须拥有自己的武装。这种基本上是由陆军组成的武装力量不仅能够防御外敌，也可以很容易被统治者用来对付自己的人民。

欧洲大陆各国之间的相互征战，更使这种武装力量以及对这种力量迷信的思潮在社会中拥有十分重要的地位。镇压与反镇压，革命与反革命，是一个钱币的两面，might is right，在这样一种文明的土壤中生成绝不是偶然的。英国是一个岛国，国家的安全主要是靠海军来维持。海军可以防御外敌，但统治者却很难利用海军来镇压自己的人民。所以，英国在很长的时期内一直没有强大的常备陆军，除开国力不堪负担外，防御外敌主要依靠海军显然也是一个重要因素。

没有强大的常备军，也就意味着没有强大的专制力量，无论哪一级的统治者，说话都必须客气一点（相比欧洲大陆而言），而具有不同利益相互冲突的各方，也比较容易达成某种程度的妥协——因为谁也没有能力全面控制社会。于是，这种局面也使得英国保留了更多的原始民主因素。英国的社会尽管有等级和阶级的区分，但任何一个自由人都享有某些权利，这些权利是不应该被随便剥夺的，这种观念历经数百年，在英国普通人的心中已经根深蒂固。所以，被英国人视为自由权利保障的《大宪章》在 1215 年产生，应该说不是一个偶然事件（在欧洲大陆上也有过若干次领主与国王的冲突，但无论最终是什么结果，都没有产生类似的文件）。不过，即便我们将《大宪章》作为英国式民主起源的标志，英国人还是在 1688 年的光荣革命后（在此之前也经历了十分激烈的国内武装斗争），才最终解决了国王与议会之间的关系问题。换言之，英国式民主化的过程长达四百多年（如果将普通的英国民众获得选举权的时间计算在内，这个时间跨度就要到 20 世纪了），相比法国只有一百多年，俄国有三百多年的折腾，应该说他们的时间也不算长。当然，由于英国起步时间早，与后起的现代化国家不在同一个时间表内，人们总是容易将其艰难过程忽略不计。

如果说英国能够发展出这种在当今世界上占主导地位的民主形式与相关的法律体系，在很大程度上是得益于它独特的地理位置的话（由于形成一个国家政治制度的因素很多，我这里并无否认其他因素的意思，只是按照自己的思路强调地理因素的相对重要性），那么，美国能够继承英国民主的内容和形式并加以进一步的发展，既可以说它直接继承了英国人的自由权利观念和从母国移植过来的司法体系，不用另起炉灶，节省了制度构建的成本；在另一方面也可以说是同样得益于优越的地理因素。托克维尔认为，美国社会的发展具有它的偶然和特殊地位。这种偶然和特殊的地位是指：在地理上，美国居民都是来自欧洲的移民，而美国又没有邻国，或者说没有敌对和值得担心的邻国。美国有着得天独厚的条件，外交义务最小，军事危险也微乎其微。而这个社会又是由具有先进文明、技术设备的人在一片辽阔的土地上建立起来的。类似的情况在欧洲是没有的，所以欧洲有贵族制度而美国没有。因为按照现代社会学的观点，只有土地稀缺才会产生贵族制度，而美国土地广阔，所以不存在产生贵族制的条件。这也就是人们常说的，美国的发展得天独厚，是在一个没有封建遗产的基础上发展起来的，所以没有什么包袱，能够轻装前进。这种说法当然有道理，但它忽视了一个常识性的前提，即美国并不是在真空状态下发展的，它原来发展的那个地方也是有人的，印第安人尽管没有发展到欧洲的社会阶段，但他们也是人，也有自己的社会

组织。只是英国殖民者和随后的美国公民并没有将他们作为同等的
人对待，而是将他们驱赶，屠杀，然后才在这一块"干净的，没有
封建遗产"的地方建立起自己的保障个人权利的民主制度的。同样，
一个具有丰富资源的广阔空间，对于建立市场体系的优越性也是毋
容置疑的。从最后的结果来看，美国人的行为应该说是具有"历史
进步"意义，因为他们建立了世界上最完备的民主制度，肯定要比
印第安人的部落文明优越，印第安人的文明不如盎格鲁—撒克逊人
的文明，所以理应被淘汰。在今天采取同样的行动，也许世界的反
响会略有不同，会有那么几个人道主义者发出谴责的声音，但最终
也是无济于事。西方学者自己承认，19 世纪是一个帝国主义的时
代，自由贸易并没有真正得以实施、各国的发展受到资源的制约，
而要获得足够的资源不是通过贸易，而是通过侵占殖民地等方式来
实行的，这就必然发生冲突，并使列强之间的很多矛盾与争夺世界
的资源有关。理解了这一点，就不难理解美国广阔的西部和富裕的
资源对其国家心平气和发展的意义了——无论是在欧洲和中国，仅
仅是围绕土地的纷争就术知多少次地激发了大规模的战争。实际上，
就是今天，美国对很多消耗性的资源，如石油等，所实行的政策也
是保住自己领土上的资源不开发，基本上通过进口来满足日常需要，
这也同样显示出拥有丰富的战略资源对一个民族生存发展的巨大
意义。

美国的政治家们对自己国家的这种地缘优势有很清醒的认识，因
此，美国建国后，无论国内的各州享有何种权利，但一个基本的底线

就是不得分离。一个国家没有足够大的块头，个人自由的权利也就无法有效地保障。南北战争就是因为南方各州的行为跨越了这一底线，才迫使林肯用战争最后解决了这一分歧。林肯总统自己也宣称他进行战争的目的不是为了铲除奴隶制度，而是为了保住合众国。实际上，美国历史的发展与欧洲国家几乎完全一样，独立以后，美国的立国斗争转化成为主要是征服印第安人土地的战争。墨西哥战争和西班牙—美国战争是赤裸裸的扩张主义战争，除路易斯安那外，美国在1900前所吞并的大部分土地都是靠武力扩张夺取的。为了自身的战略利益，美国将拉丁美洲视为自己的后院，在这一地区随意采取行动。不过，幸运的是，美国种种"捍卫"自身利益的行动，从来没有受到"国际社会"具有挑战性的干预，这当然也与它远离欧洲大陆有关：毕竟，所谓国际社会只是大国俱乐部的另一种称谓，第三世界的弱小国家，是不可能发出"国际社会"的呼声的。

　　但是，欧洲，大陆的国家就没有这么幸运了，因为这里长期是大国俱乐部活动的场所，也没有无主的土地，每个国家只要伸伸胳膊动动腿，都会涉及他人的利益，这种格局也就使得每一个民族国家的发展都不可能一帆风顺。现代民族国家之所以成其为国家，就在于它享有绝对的主权。它靠它的独立性和自主性原则来获得它的主权，并保障其公民的自由。但这种主权是通过战争和其他形式的暴力来获得的，欧洲在1648年威斯特发里亚条约后建立起来的国际体系中，不断爆发新生的民族国家与原有大国之间的冲突，有实力者获得别人的承认，成为"国际大家庭"中的一员，没有实力或竞

争失败者则被淘汰出局，永远在历史的竞技台上消失。黑格尔在
《法哲学》中曾写道，战争有利于一个民族的伦理健康，多少也是对
这种现实的清醒认识。普鲁士的霍亨索伦家族，原来只是一个城堡
的统治者，但经过好几个世纪的长时间经营，使这个家族的统治地
域逐步扩大，依靠与人口极不相称的军事力量和敏锐的外交努力
（由于对军队建设的极端重视，普鲁士君王个人成为了简朴的人，历代国王几乎
对每一份不是用于军队的钱都感到痛心，并使全国的一切活动围绕着军事建设
而展开），最终在这个基础上建立了德意志帝国，这样的历史背景下，
就不难理解著名的铁血宰相俾斯麦的话：当前的种种重大问题，都
不是依靠演说和多数票所能解决的——这正是 1848 与 1849 年所犯
的深刻错误——而是依靠铁与血。

　　从这些简要的历史事实中，我们不难发现，麦尼尔尽管指出了富
与强的辩证关系，但在强调军事力量与市场原则结合的重要性时，却
多少忽视了一个问题：即一个民族好兵的文化传统对其兴亡依然具有
重大意义。甚至在市场经济并不发达的地区，一个崇尚勇武精神的民
族也往往能够取得出人意料的成绩。在欧洲的民族中，沙皇俄国与普
鲁士国家就是两个典型。俄国自彼得一世开始，就不断与周边国家作
战。经历了二十一年的北方战争，战胜了瑞典这个威胁最大的敌手，
然后又分别战胜波兰与土耳其，夺取了黑海的出海口；并最终与普鲁
士和奥地利一起，彻底瓜分了波兰——而普鲁士曾经是被波兰包围的
国家。同样，波兰在历史上曾在很长时期内是东欧的大国，也是俄国
的威胁，但这个国家却最终被瓜分亡国，其中的教训也是发人深省

的。波兰地处东欧平原，物产丰富，人民勤劳勇敢，国力本来不弱，但却有两个致命的弱点，即它的贵族享有两项"黄金特权"，一项是自由否决权，规定国会的决议必须一致通过才能生效，只要有一名议员反对，议案就不能通过，国家也就不能采取行动；另一项是自由选王制，规定国王由国会选举产生。如果按照美国国父们的看法，管得最少的政府就是最好的政府，这种政府应该是十分理想的，但这种徒有其表的"民主"制度，却使波兰的中央政权十分软弱，根本无法领导起建立一个现代民族国家的任务。而已经建立起中央集权的沙皇俄国，却充分利用了波兰的弱点，收买一些波兰贵族，使他们选出俄国中意的国王，其后果是将波兰逐步变成了自己的附庸。当波兰遭受第一次被瓜分的命运后，波兰的有识之士也决意改革，他们在 1791 年通过了"五月三日"宪法，废除自由选王制，实行王位继承制（这与民主制似乎背道而驰）；取消自由否决权，采用多数通过的表决制。但这种试图加强中央集权，有利于波兰民族发展的措施，却不利于俄国的利益，结果在沙皇叶卡德琳娜二世"挽救波兰自由"的借口下，被俄国和普鲁士的军队用刺刀废除了。最终，波兰被瓜分完毕，在一百多年的时间里欧洲版图上再也看不到波兰这个国家。由此可见，一个民族的"好兵"文化与市场并无直接的联系，而市场法则的应用也不一定就能够达到既富且强的目标。即便就欧洲而言，意大利地中海沿岸的地区，市场经济的发展在中世纪后期一直领先于欧洲其他地区，但却未能在现代化的进程中领先，其中，缺乏军事上的优势是一个重要原因。而这种军事上的优势，或者说一个国家的军队是否能打，与财富的多寡却并无必然联系。即便是在欧洲国家中，德国军队公认的战斗力，也一直强于其他国家，尤其是南欧国家，意大利的军队在近代以来的历次战争中的表现，可圈可点的战例实在不多。由此可见，市场法则与军事需求的结合，并不能绕过一个民族的文化传统。

甚至在近代以来西方对世界其余地区的入侵过程中，我们也可以发现，一个拥有好兵传统的民族，在遇到这种强力的挑战时，做出的反应要比缺乏好兵传统的民族快得多。中日之间在遭遇西方冲击的过程中，做出的反应之所以不同，只要看看日本的好战传统，看看它的军事领导人从最古时代起就享有的巨大威望，这一点也就毫不奇怪了。日本领导人得出了这样一个结论：每个民族必须为自己去掠夺，软弱和胆小者将一无所获。一位文职官员表达了如下这一观点："这就像乘坐三等火车一样；最初这里有足够的座位，但是，当更多的旅客拥进来后，这里就没有位子给他们坐了。假如你在肩背相擦、用双臂支撑自己时失去了自己的地方，那么，你就不可能再恢复原来的位置……必然的逻辑要求人们既要站稳脚跟，又要将双肘伸向任何可能出现的空间；如果你不这样做，别人就会占据这块空间。"（斯塔夫里阿诺斯著：《全球通史——1500 年以后的世界》，吴象婴、梁赤民译，1999 年 5 月，第 488～489 页。）

这再次证明，一个民族的好兵传统既与自己的经济有一定的关系，但更重要的是与自己的文化以及社会的制度安排有关。在一个充满尚武精神、充满进取心的民族团体中，他们渴望胜利的欲望使他们比缺乏这种精神的民族更容易抓住历史的机遇，即便在转入市场经济建设的过程中，这些民族爆发出来的力量也是其他一些民族不能相比的，第二次大战后的德国和日本就是如此。如果把这种好兵文化的传统从广义理解，可以认为它代表着一种强烈的进取精神，一种西方所认为的 aggressive 精神，有了这种精神，一个民族可以由小变大，由弱变强，并能积极地向其他民族，甚至自己的敌人和对手学习。没有这种精神，一个民族也可以由强转弱，由大变小，甚至灭亡。英国从一个西欧的偏远小国成为一个日不落帝国，与其从中世纪就开始到欧陆征战，近代以来甚至王室也入股参与海盗活动，始终"锐意进取"显然有密切关系。如果英国人一直以爱好和平的传统出现，没有一种争强好胜的禀赋，很难想像他们能创建出现代的民主议会制度，当然也就不可能在征服世界的争霸过程中实现社会的转轨，并率先爆发工业革命。

或许，我们不得不承认，历史是残酷的，过分地强调热爱和平往往是可笑的。因为，人们在强调热爱和平时，忘了热爱和平也是要有资格的。狮子和猛虎或许可以平心静气地商谈不必动武而和平地分享动物世界的资源，以免造成不必要的浪费；而绵羊奢谈热爱和平则只能使人感到可悲，因为，一只绵羊如果不热爱和平，它又能热爱什么呢？同理，一个懦弱的民族是没有资格谈论热爱和平的，只有自己有足够的实力，是世界强手之林中的一个，才有资格谈热爱和平的问题。这就是现实世界的残酷的法则，而遗憾的是，我们的教育中，这一类的规律讲得太少了。

换言之，一个民族的兴旺发达必须有一个安定的外部环境，它必须为自己的安全支付代价。如果一个民族缺乏保卫自己财富的决心和手段，那么，它就只能接受更为强大的民族为它安排的命运。

总之，阅读了这两本脍炙人口的著作后，我们不难得出这样的结论：在一个以竞逐富强为原则而发展起来的现代世界中，中国的文化再也不可无兵。

我的回忆

张景莘

我于 1930 年与雷海宗结婚，1962 年他去世。在这三十多年中，他给我的印象是品德高尚，好学，虚怀若谷，遇事皆先人后己，热情帮助他人。举一件小事，证明他是先人后己的。抗战胜利后，西南联大复员北上，我们全家由昆明乘飞机飞往重庆。飞机抵重庆时，有两位女同事所带行李比较多，无人帮忙，海宗即先将两位女同事的行李搬妥后，再搬自己的行李。

我们因等去北京的飞机，在重庆招待所住了约一个多月，但飞北京的飞机，许久才有一架，要按抵重庆先后的日期而排名次；等轮到我们时，直达北京的飞机停航了，我们只好改乘去南京的飞机，飞往南京。抵南京后，知京浦路尚未恢复通车，要由上海乘海轮到塘沽，再转乘火车去北京。但去塘沽的船何日起航，杳无音信。我们在南京住了两个多星期后，乘京沪路火车去上海，等海轮北上。在上海又住了两周多，才买到去塘沽的轮船票。当时留在上海要去北方的同学有三四百人之多，都要乘这次去塘沽的海轮。这数百名同学本由一位教授带队，临开船时，那位教授忽对海宗说"雷先生，我不去了，由你带队"。那位教授怕困难．临阵脱逃，把困难推给别人。海宗面对这种困难情况，想到数百名同学无人带队照管，他就接受了那位教授的嘱托。很不幸，船至途中遇着大风浪，几乎沉没。在这险境下，海宗组织同学分队、分组，井井有条。船抵塘沽后，换乘火车去北京。火车抵北京站时已是深夜 12 时。海宗让我乘三轮车先回到他二弟家中，他留在车站，把每一个同学的行李都安排妥当，他才回到他弟弟家中，已是凌晨三点多了。自那时起，我发现他的体力大降。

1952 年院系调整，海宗被调到天津南开大学任历史系教研室主任，组内有位同事教课不受同学的欢迎，无法教下去。当时海宗授课的时数已满，但他仍勉力接受那位同事的课，该同事随班听课，海宗尽量不让那位同事有丝毫难堪。那位同事随班听课后对海宗大为感佩。

反右时，系内开小组会讨论如何批判雷海宗，轮到那位同事发言时，他说"雷海宗是我最好的老师"，使当时主持会议的人大为恼火。

　　海宗写英文稿件时用英文思索，这是少见的。他至美国芝加哥读头一年时，写了一篇文章，大受教师的称赞，问他如何学得这样好的英文。此事他未对我说过，我是在他去世后，在他日记中发现的。他不仅英文好，也懂法文，可以看书。法文，是他考清华留美预备班时自学的。他考清华时，是考插班二年级，因考插班二年级，需考法文。他经常看法文书，故法文未忘掉。

　　海宗在美国学的是西洋史，回国后，他认为要做一个历史学家应兼通中外历史，故他自 1927 年回国后在南京中央大学任教时，即着手研究中国历史。每当他想到关于中国历史的问题时，都即时写下来，由此积累了不少资料。1932 年，他回到清华母校任教时，夜以继日编写中国历史教材，每天都要工作到深夜三四点钟，最后终于完成了一部中国通史讲义，共六册。

　　海宗为培养接班人，抽出时间在家中为他的一位助教专开一门中国上古史。

　　海宗假如开了一天会，回到家中，第一件事，一定要拿本书看，一边说"今天整天未看过书"。他真是一个十足的书呆子。

　　在南开时，除订阅《人民日报》外，还订了十多份外国杂志。他说"不看外国杂志，就不了解人家科学的一日千里"。

　　海宗在美国未完成学业时，他父亲病故了，他是老大，下面有三个弟弟、两个妹妹，当时除二弟在邮局工作外，其他弟妹都在读中、小学，故家中的经济很困难，他便由国家给他在美学习的生活费中，每月节省五美元寄回国内家中。

　　他父亲生前是牧师，按教会规章，牧师的子女皆免费读中、小学，直到中学毕业为止。因海宗学习成绩优异，教会表示对他的供给不受限制，要用多少就给多少，直至读完清华为止。但他不愿多花教会的钱，非常节约，每周皆步行进城。他感觉用教会的钱，心中十分不畅，故他回国后，即不再领用教会津贴，他弟、妹的学习费用就由他自己负担。他 1927 年回国后，在南京中央大学任教，月薪 260 元，每月寄回北京老家 140 元。我们结婚后，每月仍按原数寄回北京家中。1932 年他回北京清华母校任教，北京老家及弟、妹的学习费用，各人每月的零花钱，均由他一人承担。二弟的工资由二弟自己支配。每年暑假时，我们由清华进城后，带着全家老小去前门最大的绸缎店买衣料；他亲自捧着料子，走到两个妹妹跟前问："大妹，你看这块料子做衬绒袍好吗？二妹，你看这个料子做夹袍好吗？"料子买妥后，回到家中，叫成衣来，给每人量好尺寸，一切都完毕后，我们才乘车回到清华。照例，一年一度。

　　海宗自己虽已负担很重，但如有青年考取大学，经济有困难者，若向他求援，他都尽力帮助他们完成学业。

　　1957 夏，在天津市内开反右大会，会上海宗被划为右派分子，会后他回家进门时弯着腰，十分沉痛地对我说"对不起你"。这突如其来的恶讯，对他打击太大了。次日他忽然便血两马桶之多，他躺倒了，从此无人敢进我们家门。当时我能向谁求援，又有何人敢来帮助我们？我二人终日默默相对，食不甘味，寝不安眠。大约过了两个月后，系里叫他做检讨，不知写了多少次，直至骂得自己一无是处，方能通过。他的身体日渐虚弱，但有的会他必须参加，有一次他晕倒在会场，三轮车把他送回家中。

海宗学习的兴趣比较广，他在美学习时，主系是历史，副系是哲学，对佛学也略有探讨。曾记得 1961 冬有一天晚间，南开大学外语系的一位教授来家中问起西王母的来历，海宗不顾自己虚弱的病体，滔滔不绝地将西王母的来龙去脉讲到深夜。

1961 年他摘掉右派帽子后，系里纷纷来人，对他说，这门课无人教，那门课无人讲授，恨不得他成为孙大圣。

1962 年春，他患慢性肾炎，是不治之症，已三年了。严重贫血，血色素只有 4 克，全身浮肿，步履艰难。为了把有限余生和满腹学识献给人民，他毅然乘着三轮来到教室门口，拖着沉重的步伐重上讲台。他先后讲授"外国史学名著选读"和"外国史学史"两门课。"外国史学史"是一门新课，以前各大学历史系都未开过，据说此门课在北大是由几位教授合开的，而南开只由海宗一人讲授。海宗一直坚持到该年 11 月底难以行动时为止。

1962 年 12 月 15 日夜，海宗病情加重，次日送往天津总医院，医治无效，于 12 月 25 日与世长辞，一代文人，从此离世！

他是无私的，他对自己的吃穿从不讲究，我若为他做件衣服时，他总要问"你有没有？"我婚后没有工作，但他对我从未表现过家长作风，或大男子主义，更未对我说过一句不堪入耳的话。他病中，有人送来由香港寄来的饼干，他知我爱吃饼干，他一块都不肯吃，留给我吃。如有人送来电影或戏票时，他总是催促我去看，对我说："你能出去散散心，我就高兴了。"我如在厨房做饭时，他搬个凳子坐在我身边，对我说："我不能帮你做，只好陪陪你。"我外出购物，若回来稍晚，他就在校门内踱来踱去，直到我回来。邻居的一位老太太说，"我从未见过夫妻的感情这样好"。我自慰选得这样一位品学兼优的终身伴侣。可叹好景不长，他过早地离开我。死者已矣，生者难堪！

我们只有一个独生女，雷崇立。她父亲是非常疼爱她，但不溺爱，如遇女儿任性时，他绝不依从，并不责罚她，而是言传身教，循循善诱，使崇立后来成为贤妻良母，对公私事都是任劳任怨，不自私，不自大，有乃父遗风。1952 年，海宗调往天津南开大学任教，当时崇立在北大尚未毕业，她毕业后留校任教，因天津北京两地相隔，海宗未能有机会把自己所掌握的英文传授给女儿，这是他的一大遗憾！

我现已年近九旬，由童年到现在，我的生活条件，确实起伏不平，但我对生活的甘苦不太介意，只求能度过一个心情舒畅的晚年，于愿足矣！

1989 年 7 月于深圳

跟大师学国学　已出书目

国学概论　章太炎　讲演　曹聚仁　整理

人间词话　王国维　著　徐调孚　校注

经典常谈　朱自清　著

唐诗杂论　闻一多　著

中国史纲　张荫麟　著

三国史话　吕思勉　著

明史讲义　孟森　著

中国历史研究法　梁启超　著

中国小说史略　鲁迅　著

清史讲义　孟森　著

清代学术概论　梁启超　原著　朱维铮　校订

中国历史研究法补编　梁启超　著

国学常识　曹伯韩　著

中国书画浅说　诸宗元　著

诗境浅说　俞陛云　著

文字学常识　胡朴安　著

宋元戏曲史　王国维　著

中国绘画史　陈师曾　著

读书指南　梁启超　著